www.ingramcontent.com/pod-product-compliance
Lightning Source LLC
LaVergne TN
LVHW050333160826
845677LV00014B/3612

تريندز للبحوث والاستشارات
TRENDS RESEARCH & ADVISORY

صراع الأجيال داخل جماعة الإخوان المسلمين

تاريخية الأزمة ومساراتها المستقبلية

مصطفى زهران

اتجاهات حول الإسلام السياسي (11)

إبريل 2022

الآراء الواردة في هذه الدراسة لا تعبّر بالضرورة
عن مركز تريندز للبحوث والاستشارات

الطبعة الأولى 2022

Order No: MC-02-01-6996359

ISBN: 978-9948-846-80-2

http://trendsresearch.org

نبذة عن

مركز تريندز للبحوث والاستشارات

يُعد مركز «تريندز للبحوث والاستشارات» مؤسسة بحثية مستقلة، تأسس عام 2014، ويهتم باستشراف المستقبل في جوانبه الاستراتيجية والسياسية والاقتصادية، وتتبع القضايا العالمية المختلفة. كما يهدف المركز إلى تحليل الفرص والتحديات على مختلف الصُّعُد الجيوسياسية الراهنة، وما تحمله من متغيرات محتملة، مع محاولة إيجاد إجابات وتفسيرات علمية وموضوعية من شأنها المساهمة في التأثير في اتجاهات الأحداث مع مراعاة نواحي التحليل والنقد والاستشراف.

ويقدّم المركز، من أجل تحقيق غاياته العلمية، دراسات رصينة ذات أبعاد استشرافية مستقبلية، ويطرح أفضل البدائل الممكنة لمساعدة صنّاع القرار في معرفة التطورات الإقليمية والدولية بشكل أعمق، والاستفادة مما توفره من فرص. كما يقوم المركز برصد الاتجاهات والتغييرات الاستراتيجية والاقتصادية والإقليمية والدولية، والتنبؤ بآثارها المستقبلية، وذلك وفق الضوابط العلمية المتعارف عليها دولياً لدى أعرق مراكز التفكير والبحث العلمي.

المحتويات

ملخص تنفيذي

تسهم الأحداث المهمة بقدر كبير في صناعة الظاهرة ورسم ملامحها وتحديد توجهاتها وفق سياقاتها المنتجة لها، وفي تناول جماعة الإخوان المسلمين وصراعاتها الجيلية على امتداد تاريخها وأطواره التكوينية لا يمكن النظر إليه والتعامل معه دون ربط هذه الأحداث الكبرى من سياقات سياسية ومجتمعية محلية وإقليمية ودولية من جهة، ومتلازمة الصراع التي رافقتها منذ تأسيسها على يد حسن البنّا 1928 إلى يومنا هذا، بعضها ببعض من جهة أخرى، وقد ذهب الكثير من الباحثين والدارسين في حقل العلوم الاجتماعية نحو دراسة قضية الصراع بين الأجيال داخل الإخوان ودأبوا في سياق ذلك على إطلاق تسميات وتوصيفات عدة عليها كان من بينها على سبيل المثال لا الحصر : جيل الستينيات، والسبعينيات، والتسعينيات،... إلخ، وجيل الوسط، والإصلاحيين، والمحافظين،... إلخ، وغيرهم.

بيد أننا في هذا العمل قدمنا معالجة مختلفة في سياق تناولنا لقضية الصراع داخل جماعة الإخوان المسلمين ترتبط بشكل كبير في تقسيمنا له بالأحداث المهمة السياسية على وجه الدقة، ووفق تلك الرؤية تم تقسيم صراع الأجيال داخل جماعة الإخوان المسلمين إلى أربعة أجيال جاءت على النحو التالي: (الجيل الأول: من الملكية إلى الجمهورية والحكم الناصري، الجيل الثاني: جيل المرحلة الساداتية والعمل الطلابي في الجامعات، الجيل الثالث: جيل الثمانينيات والتسعينيات ومطلع الألفية - ونظام مبارك، والجيل الرابع: مخاضات الـ 25 من يناير 2011 وإفرازات الـ 3 من يوليو 2013).

وكان مـن الطبيعـي أن نبحـث في سياق هـذه التراتبيـة الجيلية عـن أهـم الظواهـر التـي تمخضـت عـن هـذا الـصراع مـن ثنائيـة المحافظـين والإصلاحيـين وظاهـرتي المدونين الشـباب والكتائـب الإلكترونيـة، وتجربـة حزب الوسـط وأخـيراً ظاهرة الإخوان المنشـقين، وعرجنـا إلى تنـاول معضلـة الشـباب وإشـكاليتهم داخـل جماعـة الإخـوان المسـلمين، ثـم اختتمنـا هـذا العمـل بالحديـث عـن النـزوح نحـو العنـف والراديكاليـة داخـل الجماعة، التـي بـرزت بشـدة عقـب أحـداث الثالـث مـن يوليـو 2013، وذروة مـا وصـل إليـه الـصراع بـين الفرقـاء داخـل جماعـة الإخـوان المسـلمين.

مقدمة

تعد دراسة المشكلة الاجتماعية للأجيال وفق تعريف عالم الاجتماع الألماني «كارل مانهايم» إحدى الآليات والأدوات التي لا غنى عنها لفهم هيكل الحركات الاجتماعية والفكرية، إذ إن تكوين المجموعة لتنظيم الجماعة يقوم على وعي الانتماء لجيل واحد، وليس على أهداف محددة[1]. ونظرية الأجيال (أو علم اجتماع الأجيال) هي نظرية طرحها كارل مانهايم عام 1928 في مقالته المعنونة بـ: Das Problem der Generationen، ثم ترجمت إلى اللغة الإنجليزية عام 1952 بـ «مشكلة الأجيال». ووفقاً لمانهايم يتأثر الناس بشكل كبير بالبيئة الاجتماعية والتاريخية ما يؤدي على أساس الخبرة المشتركة إلى ظهور مجموعات اجتماعية تؤثر بدورها في الأحداث التي تشكل الأجيال القادمة[2].

وتستند الظاهرة الاجتماعية للأجيال إلى الإيقاع البيولوجي بدءاً من الميلاد حتى الموت، ولولا وجود تفاعل اجتماعي بين البشر لَمَا كان هناك هيكل اجتماعي محدد وتاريخ يعتمد على نوع معين من الاستمرارية، لذلك تبدأ المشكلة الاجتماعية للأجيال في تلك المرحلة التي يتم فيها اكتشاف الأهمية الاجتماعية لهذه العوامل البيولوجية، الولادة والشيخوخة والموت، ويجب علينا أولاً وقبل كل شيء أن نحاول فهم الجيل كأحد الفواعل الاجتماعية البارزة داخله[3]. ووفقاً لمانهايم، يتأثر الشباب من حيث الوعي والمنظور الاجتماعي بالأحداث التاريخية

1. Karl Mannheim, "The Sociological Problem of Generations", Steidl, 2009, https://bit.ly/3MqPmyP

2. . نظرية الأجيال، تاريخ التصفح: 15 يناير 2022، https://rb.gy/jxoksc

3. Karl Mannheim, "The Sociological Problem of Generations", Op.cit

الرئيسـية للعـصر الـذي يحيـون داخلـه، مـا يجعـل منهـم جيـلاً شريطـة التغيـر الاجتماعـي ووتيرتـه المتسـارعة[4].

ونجـد أن سـحب نظريـة مانهايـم عـلى حالـة الدراسـة الحاليـة مناسـب لحيثياتها كونهـا تتفق في هيكلهـا المعـرفي إذ إن مـن بـين تلـك الجماعـات التـي يمثـل البُعـد الجيـلي داخلهـا مكونـاً رئيسـياً عـلى امتـداد تاريخهـا الـذي شـارف عـلى قـرن مـن الزمان، تـأتي جماعـة الإخـوان المسـلمين، نظراً لمـا يمثلـه الـصراع الجيـلي داخلهـا مـن سـمة رئيسـية في مراحلهـا التاريخيـة وأطوارهـا التكوينيـة كافـة في رحلـة مواجهاتهـا مـع الدولـة المصريـة، إلا أن حدثـين مهمـين فارقـين يمثـلان ذروة هـذا الـصراع وكانـا كاشـفين بقـدر كبـير عـن متلازمـة الـصراع داخـل الجماعـة بعـد أن خرجـا إلى العلـن بشـكل لم تعرفـه الجماعـة مـن قبـل، أولهـما مـا أسـهمت فيـه أحـداث 25 ينايـر مـن خلـق واقـع سـياسي ومجتمعـي مغايـر عقـب سـقوط نظـام الرئيـس حسـني مبـارك في فبرايـر 2011، الـذي كان بمنزلـة فرصـة جديـدة لجماعـة الإخـوان المسـلمين بعـد أن كانـت الأنظمـة السـابقة تقيـد حركـة نشـاطها السـياسي وتشـكلها الحـزبي إلى أن تـم ذلـك بفعـل هـذا المتغـير، وأصبـح حـزب «الحريـة والعدالـة» الـذي تأسـس في إبريـل 2011 الفاعـل السـياسي والوجـه الجديـد للعمـل الحـزبي للجماعـة، ومـن ثـم خوضـه الانتخابـات التشريعيـة التـي أجريـت في نهايـة ذلـك العـام، لتبـدأ سرحلـة جديـدة في نشـاطها السـياسي[5].

فيـما تمثـل الحـدث الثـاني في الظـروف السياسـية التـي تمخضـت عـن إطاحـة محمـد مـرسي مـن السـلطة عـام 2013، الأمـر الـذي دفـع جماعـة الإخـوان المسـلمين إلى صياغـة

---

4. John willis, "Generations and Social Movements of the 60's and 70's", education Resources Information Center (ERIC), accessed January 16,2022, url: https://rb.gy/kfmlto

5. جـورج فهمـي، «الـصراع عـلى قيـادة جماعـة الإخـوان المسـلمين في مـصر»، مركـز مالكـوم كير-كارنيغـي للـشرق الأوسـط، 14 يوليـو 2015. https://rb.gy/zfgftn

قواعـد جديـدة لتنظيـم أنشـطتها، بعـد أن فقـدت القيـادة السـلطة المطلقـة في إدارة شـؤون الجماعـة، كـما كان حالهـا قبـل أغسـطس 2013.

وليـس ذلـك وحسـب بـل انشـطرت الجماعـة إلى نصفـين وفي بعـض الأحيـان إلى ثلاثـة، وظهـر جيـل الشـباب كفاعـل مؤثـر داخـل الجماعـة وفي المحطـات السياسـية المتعاقبـة التـي تلـت هـذا التاريـخ وهـو مـا مثـل معضلـة كـبرى بعـد ذلـك، خاصـة أن هـذا الجيل مـن شـباب الجماعـة قـد عايـش عـلى الـدوام مظلوميـة كبـيرة دفعـت الكثـير منهـم إلى الانشـقاق بعـد ذلـك واللجـوء إلى العنـف كـما سـنبين لاحقـاً.

وقـد دفعـت القيـادة الإخوانيـة نحـو صياغـة تلـك القواعـد الجديـدة - بعـد أن فقـدت سـلطتها في إدارة شـؤون الجماعـة - بشـكل قـسري دون رغبـة منهـا بهـدف تحقيـق التـوازن بـين مبـادئ الجماعـة التـي عاشـتها أجيالهـا المتعاقبـة والمبـادرات الجديـدة التي أطلقتهـا، وهـو مـا جعـل القيـادة التاريخيـة داخـل الجماعـة تنظـر إليهـا عـلى أنهـا خـروج عـن نمـط الإدارة الـذي اعتادتـه وتهديـد لتماسـك الجماعـة وهويتهـا[6].

إن جوهـر مـا كشـف عنـه هـذان الحدثـان هـو تسـليط الضـوء عـلى قضيـة في غايـة الأهميـة ممثلـة فيـما يطلـق عليـه «صراع الأجيـال» الـذي عُدّ ظاهـرة جديرة بالدراسـة والتحليـل داخل الجماعـة العجـوز، أظهرتـه بشـكل جـلي وواضـح أزمـة القيـادة الحاليـة التـي اتسـعت بشـكل كبـير وانتقلـت مـن الشـأن الداخـلي إلى العلـن، وبـات الـصراع والانقسـام هويـة الجماعـة في اللحظـة الراهنـة، التـي تـدور في مجملهـا حـول رؤية الجماعـة الاسـتراتيجية في مواجهـة الدولة المصريـة التـي تشـكلت عقـب أحـداث الثالـث مـن يوليـو 2013[7]. خاصـة بعـد أن تـم حظـر أنشـطتها وتصنيفهـا «منظمـةً إرهابيـةً» وانتهـى الـصراع باعتقـال معظـم كبـار أعضائهـا وفرار

6. المصدر السابق.

7. بشير نافع موسى، «الأزمة في صفوف الإخوان المسلمين»، القدس العربي، 24 يونيو 2015، https://rb.gy/pusscu

بعضهـم إلى الخـارج وعودتهـم إلى العمـل الـسري مـرة أخـرى في الداخـل المـصري. وهـو ما عزز الصراعـات الفكريـة والأيديولوجيـة والاسـتراتيجية بـين المكونـات الجيلية داخل الجماعـة إلى أن جعلتهـا تظهـر عـلى أنه تحـدٍّ لقيادتهـا المنهـارة[8].

في الواقـع لقـد نجحـت جماعـة الإخـوان المسـلمين منـذ أوائـل الخمسـينيات، في أن تتحـول في المجـال الدعـوي التبشـيري مـن جماعـة محليـة إلى جماعـة عالميـة، ووصـل عـدد فروعهـا إلى أكـثر مـن سـبعين فرعـاً بطـول العـالم الإسـلامي وعرضـه، مـن ماليزيـا شرقـاً إلى موريتانيـا غربـاً، بالإضافـة إلى نشـاطها في العـالم الغـربي، تحـت مظـلات وأسـماء مختلفـة، بينما في المجال السـياسي، فقـد بـاءت بالفشـل الذريـع منـذ دخـول حسـن البنّـا الانتخابـات البرلمانيـة أوائـل الأربعينيـات، وخروجهـا منهـا بعـد الاتفـاق مـع رئيـس الحكومـة (المصريـة)، آنـذاك، مصطفـى النحـاس، عـلى السـماح للجماعـة بالدعـوة لأفكارهـا، ونـشر دعوتهـا، وتوسـيع تنظيمهـا في أرجـاء القطـر المصري، وهـو مـا حـدث طـوال الأربعينيـات، حـين وصـل عـدد أعضـاء الجماعـة إلى نحـو ربـع مليـون شـخص، بحسـب وثائـق عديـدة. وكان قـرار الجماعـة بالانخـراط في المجـال السـياسي، أواخـر الثلاثينيـات، بمنزلـة انتقـال مفاجـئ مـن الدعـوي إلى السـياسي، مـن دون اسـتعداد أو دراسـة متأنيـة لنتائـج هـذا الانتقـال وتداعياتـه. التـي دفعـت، ولا تـزال، فاتـورة وثمـن أخطائـه[9].

ورغـم ذلـك كانـت للتسـعة عقـود المنقضيـة لجماعـة الإخـوان المسـلمين منـذ تأسيسـها علاقـات إيجابيـة للغايـة مـع الحكومـة المصريـة في أوقـات معينـة، بينما كانـت في أوقات أخـرى هدفـاً لهـا إثـر المواجهـة بينهـما والصـدام معهـا[10].

---

8. Amina Ismail, "Egypt says it killed senior Muslim Brotherhood leader in shootout", Reuters, October 4, 2016, url: https://rb.gy/fu6vnb

9. Ibid.

10. Ibid.

وبحسب خليل العناني، الباحث المقرب من جماعة الإخوان المسلمين، فإن من أبرز ما واجهته الجماعة، آنذاك، «حالة الفقر الفكري وعدم القدرة، والجرأة، على تقديم أفكار وأطروحات جديدة»[11]، ما يعني أن جذر المشكلات الحالية لجماعة الإخوان المسلمين يعود إلى بدايات تأسيسها وعقلية البنّا الآناوية الراغبة في السيطرة والتحكم وأن أولوية التنظيم وتوثيق أواصره مقدمة على أي شيء آخر، فضلاً عن عدم حسم الجماعة خياراتها الكبرى منذ نشأتها، والمتعلقة بطبيعة العلاقة بين مجالات الحركة وأنشطة الجماعة المختلفة وهو أمر أصّل له البنّا ويعود بالأساس إلى مشكلة في شخصيته الأداتية، فمنذ نشأتها أوائل القرن الماضي، انخرطت في أربعة مجالات أساسية: الدعوة، والتربية، والعمل الخيري، والعمل السياسي [12]. ولم توفق بشكل كبير في التوفيق بينها ما جعلها تعيش حالة أشبه بالمد والجزر في التفاعل بين هذه المكونات، لكنها استطاعت تحقيق قدر ما من النجاح في المجالات الثلاثة الأولى (الدعوة والتربية والعمل الخيري)، ولم تستطع أن تقدم مقاربةً تقودها نحو النجاح في الممارسة السياسية.

الأمر الذي رافقه جملة من الانشقاقات نتيجة لصراعات ومعارك بينية ما تلبث وأن تطفو على السطح عنوة على غير رغبة «الإخوان»، ورغم محاولاتهم الدؤوبة لمنع خروجها وطفوها على السطح واقتصارها على الشأن الداخلي للتنظيم[13]. فإنها باغتتهم وفرضت نفسها عليهم مع أول تجربة سياسية كاشفة وحقيقية ما بين الـ 25 من يناير 2011 والأحداث التي تلت الثالث من يوليو 2013.

---

11. خليل العناني، في أصل «المعضلة الإخوانية»، العربي الجديد، 4 مارس 2019، تاريخ التصفح: 11 يناير 2022، https://rb.gy/cahjbm .

12. المصدر السابق.

13. المصدر السابق.

وفي العـرض التـالي نقـدم مراحـل الـصراع الجيـلي داخـل جماعة الإخـوان المسـلمين وتجلياتـه، وكيفية نشـوئه وملامحـه، وإلى أي شيء يسـير نحـوه وأفـضى إليـه، مـن خـلال أربعة تقسـيمات رئيسـية.

أولًا: الصراعات الجيلية داخل جماعة الإخوان المسلمين

لطالمـا كان التبايـن بـين وجهـات النظـر مـن تصـورات عقديـة ورؤى سياسـية، حـول القضايـا السياسـية والاجتماعيـة داخـل الحـركات الاجتماعيـة سـبباً رئيسـياً ودافعـاً أصيلاً نحـو ظهـور الانشـقاقات البينيـة والتصدعـات الهيكليـة لتلـك التنظيـمات عـلى اختـلاف تنويعاتهـا السياسـية منهـا والدينيـة، وهـو مـا يمكـن ملاحظتـه بوضـوح في تتبـع تاريخية جماعـة الإخـوان المسـلمين وإشـكالية الدينـي (التبشـيري الدعـوي) والسـياسي (الأنشـطة والآليـات) داخلهـا، وقضيـة الموازنـة بينهـما منـذ نشـأتها[14] وهـو مـا جعـل مـن الشـائع تحليـل الجماعـة مـن حيـث الأجيـال[15].

لقـد كانـت أحـداث الــ 25 مـن ينايـر 2011 سـبباً رئيسـياً في تفاقـم هـذه الانقسـامات الجيليـة وهـي التـي دفعتهـا للظهـور بقـوة وأعـادت قـراءة الجماعـة مـن القاعـدة ذاتهـا «الجيليـة» نظـراً إلى الطموحـات والتطلعـات الزائـدة التـي كانـت لـدى شرائـح الشـباب -داخـل الجماعـة - في ذلـك الوقـت للعـب دور أكـبر في صنـع القـرار السـياسي للجماعـة ومـا لبثـوا أن اصطدمـوا بموقـف اسـتئصالي عـارض ذلـك بقـوة تقـوده القيـادات التاريخية للجماعـة التـي قامـت بتغليـب القيـادة المسـنة والالتـزام الصـارم بالتسلسـل الهرمـي على مـا دون سـواه بهـدف الحفـاظ عـلى تماسـكها التنظيمـي، وهـو مـا جعـل البعـد الجيـلي

14. Jeffrey Martini, Dalia Dassa Kaye and Erin York, The Muslim Brotherhood, Its Youth, and Implications for U.S. Engagement, (Santa Monica: RAND Corporation, 2012). url: https://2u.pw/O0DUd

15. Marc Lynch, "Young Brothers in Cyberspace", Middle East Research and Information Project, winter 2007, url: https://rb.gy/h8ynlu

داخل الجماعة يمثل تحدياً كبيراً في اللحظة الراهنة -كما سنبين لاحقاً[16]، ومرد هذه الانقسامات الجيلية من تصادم وافتراق يعود في جزء كبير منه إلى البيئة التي ينمو داخلها أفرادها ويتفاعلون معها، فهناك فارق بين قيادات نشأت وعاشت في مناخ إصلاحي، وأخرى تساومي وبراغماتي، وكوادر وسطية وشابة تخضع في مجملها لجملة التحولات الزمنية والبيئية على امتداد أطوارها وامتدادتها التكوينية والزمنية[17].

وينبغي الإشارة إلى أن سردية تقسيم الأجيال مقسمة ليس وفق العمر وإنما حسب الموقف تجاه الجدل العام والأفكار الجديدة في خضم الأحداث الكبرى المنتجة لها[18]. وهو ما دفعنا في سياق هذه الدراسة إلى التعامل مع الأجيال الإخوانية بافتراضية وجود أربعة أجيال داخل جماعة الإخوان المسلمين منذ ظهورها الفعلي على مسرح الأحداث إلى واقعها الراهن الذي تحياه، وقد أجملناها على النحو التالي:

1. الجيل الأول: من الملكية إلى الجمهورية والحكم الناصري

شهدت جماعة الإخوان المسلمين منذ بواكير تأسيسها عام 1928 في مصر، سلسلةً من الأزمات الكبيرة والمؤثرة داخل كيانها التنظيمي بشكل خاص في الأعوام التي أعقبت التأسيس ابتداءً من الفترة الملكية أو ما يعرف بالجيل المؤسس قبل الانتقال إلى النظام الجمهوري، فيما توزعت في مجملها ما بين فصل إجباري من قبل البنّا، أو الاستقالة الطوعية لأحد منتسبيها طالت في بعض منها قيادات عليا داخل بنيتها

16. Ibid.

17. بشير موسى نافع، «الأزمة في صفوف الإخوان المسلمين»، القدس العربي، 24 يونيو 2015، مصدر سابق.

18. Marc Lynch , op.cit.

التنظيمية، بدعاوى تدور حول مخالفة قرار الجماعة أو أفكارها وفي أحيان أخرى تكون بسبب التنازع حول إدارة الشؤون التنظيمية للجماعة، كان أبرزها وبعد 4 أعوام من تأسيس الجماعة قرار الجمعية العمومية للإخوان في محافظة الإسماعيلية في 14 أغسطس 1932، فصل 7 من أعضائها، بعد أن تمت إدانتهم بتهم وبممارسات سلوكية تتعلق بـ «إثارة الفتنة وعدم الالتزام بالمنهج العام» داخل التنظيم، وتلاها ما عرف بـفتنة الطالب الجامعي «أحمد رفعت» عام (1937) برفقة عدد من الطلاب الآخرين يتزعمهم «محمد عزت حسن» عضو مكتب الإرشاد في ذلك الوقت لرفضهم ما سموه «مجاملة» حسن البنّا للحكومة بإرسال مقاتلين إلى فلسطين في حين كانوا يرون الاكتفاء بالدعم المالي، وقد تسبب هذا الموقف في صدام كبير داخل الجماعة[19].

وفي سبيل محاولة إقناع البنّا بالعدول عن قراره لجأ رفعت وفريقه من الطلاب الجامعيين إلى السيطرة على المقر الرئيسي للجماعة في القاهرة وأخضعوه لسيطرتهم بشكل كامل لمدة ستة أشهر، ما دفع بمجلس شورى الإخوان إلى إصدار قرار بفصلهم بدعوى تطاولهم على المرشد والدعوة، وفي ذلك الوقت قام «محمد عزت حسن» بإرسال خطابات للإخوان يدعوهم فيه لبيعته، لكن المحاولة لم تلقَ صدىً، ولم يفق البنّا من هذه الحادثة حتى لحق بها أزمة «شباب محمد» (1940) وانفصالهم عن التنظيم، المجموعة التي ضمت كلاً من (عضوي مكتب الإرشاد: محمود أبو زيد ومحمد المغلاوي سكرتير لجنة الطلبة والعمال، و16 آخرين أغلبهم من الطلاب ومسؤولي الشعب بمحافظات أبرزها القاهرة وأسيوط، متهمة الجماعة

19. جمعة أمين عبد العزيز، أوراق من تاريخ الإخوان المسلمين، الكتاب الثاني: بدايات التأسيس والتعريف: البناء الداخلي 1928-1983 (القاهرة: دار التوزيع والنشر الاسلامية، 2003) ص ص 79 - 81.

ببطء خطوات الإصلاح داخلها، فيما استمرت هذه الخلافات الداخلية إلى أن أسسوا جماعة «شباب محمد» في 20 يناير 1940، مرجعين انفصالهم إلى «انفراد المرشد بالرأي وعدم إعمال الشورى وإنفاق المال في غير ما خصص له»[20].

فيما كان الحدث الأبرز في تلك المرحلة ما أقدم عليه البنّا من إعفاء القيادي الإخواني أحمد السكري عام 1947 من منصبه، إذ كان فصله بمنزلة الانشقاق الأهم داخل الإخوان في هذه الفترة بعد أن ظل في هذا المنصب وكيلاً للجماعة ما بين الأعوام من 1939 إلى 1947. ولا يمكن في سياق ذكر السكري وأزمته عدم الإشارة إلى القيادي الآخر إبراهيم حسن اللذين خاضا معاً الأزمة، لشغلهما منصبين مهمين حيث كانا نائبين رئيسيين للجماعة ومن خلفهما بعض الأعضاء الآخرين، و غالباً ما يشار إلى هذه الفترة الممتدة ما بين عامي 1946 و1947 بالفتنة الثالثة في تأريخ جماعة الإخوان، فقد كان البنّا هو الأزمة ذاتها، كان الخلاف الأساسي حول علاقة الإخوان بالقوى السياسية في مصر، وخاصة حزب الوفد والقصر «الملك فاروق» بعد أن تساءل العديد من أعضاء جماعة الإخوان المسلمين عن حكمة سياسة البنّا، التي كانت تميل نحو المواجهة مع حزب الوفد والاصطفاف مع أحزاب الأقلية التي يرعاها القصر وكان قد عُرِفَ عن السكري، أنه من دعاة التقارب مع الوفد[21].

ومع ذلك، وبعيداً عن هذه الاعتبارات السياسية، كانت هناك مؤشرات قوية على أن السكري في معارضته لهذه المواقف السياسية للبنّا كان يتحرك من قاعدة القائد لا التابع، وكأنه يدفعنا في قراءة موقفه على ألا نراه كسابقيه ممن مروا في الأزمات

20. المصدر السابق.

21. بدرية الراوي، «الحاكمية بين حسن البنا وسيد قطب»، المعهد المصري للدراسات، 27 مايو، 2019، https://rb.gy/f5kxnj

والانشـقاقات التقليديـة في كيـان الجماعـة التنظيمـي في هـذه الفـترة، إنما هـو تنـازع وتصـارع عـلى أكـبر رأس في البنّاءيـن الهيـكلي والتنظيمـي للجماعـة «المرشـد» ومـا يؤكـد ذلـك تحديـه دور البنّـا كقائـد للحركـة، ومـا أشـيع بـأن السـكري ينـشر شـائعات بأنـه كان أول زعيـم للحركـة نافيـاً دور البنّـا في ذلـك. فكانـت الاضطرابـات المتناميـة في قيـادة جماعـة الإخـوان المسـلمين في ذلـك الوقـت -كـما يراهـا المعارضـون داخـل الجماعـة- نابعةً في الأسـاس من اسـتمرار ممارسـة المرشـد الأعلى للسـلطات التعسـفية، والافتقار إلى المشـاورة، فضـلاً عـن سـوء التدابـير الماليـة، واتهامـات أخلاقيـة وجهَـت إلى «عبدالحكيـم عابديـن» الأمـين العـام للجماعـة في الفـترة مـا بـين الأعـوام 1932 و1939 الـذي وصـفَ بـ «راسـبوتين الإخـوان المسـلمين» مـا أثـار اسـتياء الكثيريـن داخـل الجماعـة[22].

هـذه العوامـل كلهـا كانـت كفيلـةً بـأن يتولـد لـدى البنّـا شـعور بتمـدد التيـار المعـارض لسياسـاته داخـل الجماعـة ومـا قـد يرافقـه مـن تراجـع في شـعبيته، وباسـتخدام كارزميتـه التـي ميزتـه عـن منافسـيه فسـارع نحـو إعـادة ثقـة أبنـاء التنظيـم مـن أعضـاء الإخـوان المسـلمين فيـه مجـدداً، وقـد كانـت كتابـة سـيرته التـي تضمنـت قصـة نشـأة التنظيـم وتأسيسـه ومحطاتـه المتعاقبـة، توازيـاً مـع سرد لتاريخيـة البنّـا نفسـه بعـد أن جمعهـا في كتـاب عُنْونَ بـ «مذكـرات الداعـي والداعيـة» إحـدى الآليات التـي انتهجها في سياق ترتيب البيـت الداخـلي للإخـوان وجذبهـم إليـه مـرة أخـرى، وغـرس الثقـة داخلهـم مـن جديـد، خاصـةً مسـألة التأسـيس والقيـادة التـي مثلـت جدليـة كـبرى بـين البنّـا والسـكري -كـما عرضناهـا سـابقاً، وقـد أنهـى بهـا البنّـا مذكراتـه بخواطـر مـن صفحتـين حـول هـذه الأزمة[23].

22. المصدر السابق.

23. Khalil Al-Anani, "The Young Brotherhood in Search of a New Path", Hudson Institute,23 October 2021, url: https://rb.gy/trasmg

يُعـرَف الجيـل الأول مـن الإخـوان المسـلمين أحيانـاً باسـم «الحـرس القديـم» أو الجيـل المخـضرم[24] نظـراً إلى أن قياداتـه عايشـت انتقـال مـصر مـن النظـام الملـكي إلى النظـام الجمهـوري وخاصـة في أزمتهـا الكـبرى مـع الرئيـس جـمال عبـد النـاصر خـلال فـترتي الخمسـينيات والسـتينيات اللتـين شـهدتا أولى الاشـتباكات المفتوحـة بـين الجماعـة والحكومـة بعـد أن تـم حظرهـا رسـمياً، وتـم سـجن العديـد مـن قادتهـا وأعـدم بعضهم الآخـر. وكان هـذا الجيـل دائمـاً الأكـثر تحفظـاً - أيديولوجيـاً وسياسـياً ودينيـاً، وهدفـه الأسـاسي بقـاء الحركـة والحفـاظ المؤسـسي عـلى الجماعـة كمنظمـة متماسـكة مـا كان له عميـق الأثـر في جمودهـا وانغلاقهـا لعقـود عـدة[25].

ويمكـن تقديـم مجموعـة مـن الصفـات التـي اتسـم بهـا هـذا الجيـل منهـا: عـداؤه الشـديد لبعـض القـوى السياسـية الأخـرى في المشـهد السـياسي المـصري، آنـذاك، وشـكوكه في إخلاصهـا لتعاقداتهـا وتحالفاتهـا، فكانـت أشـبه بعلاقـة مضطربـة بالفواعل السياسـية كافـة التي تلتف حولـه، وفي الوقـت ذاتـه يسـاوره الخـوف الدائـم والحـذر المسـتمر تجـاه الدولة وذلـك نتيجة الصدمـات المتتاليـة التـي عاشـها هـذا الجيـل الأول مـع الدولـة والقـوى السياسـية داخلهـا[26].

ونتيجـةً لتجاربهـم التاريخيـة المتراكمـة آثـر هـذا الجيـل العمـل الدعـوي السـري وغـيره مـن أشـكال التواصـل الأيديولوجـي الأخـرى كبديـل للعمـل السـياسي والدعـوي المعلَنين، وهـو مـا يفـسر وقـوف أبنـاء هـذا الجيـل - أو مـا يطلـق عليـه الحـرس القديـم - دومـاً أمـام الأفـكار الإصلاحيـة التـي كان يطالـب بهـا الأعضـاء الأصغـر سـناً والمؤيـدة لتحويـل

---

24. سـيف الاسـلام عيـد، «عـن القيـادات والفـرص الضائعـة في الإخـوان المسـلمين»، العـربي الجديـد، 26 سـبتمبر 2020، https://bit.ly/337B1pe

25. Khalil Al-Anani, op.cit.

26. ضياء رشوان، أجيال الإخوان بين المحافظة والاعتدال، الشروق، 27 أكتوبر 2009، https://bit.ly/3g8lQ1N

الجماعـة والتنظيـم إلى حـزب سـياسي، وسـيرافق هـذا الهاجـس مسـيرة الإخـوان إلى منتصـف التسـعينيات ولـن يتحقـق إلا مـن خـلال انشـقاق عـن الجماعـة ليفترقـا بعـد ذلـك، ثـم الحـدث الأكـبر الـذي أعطـى الإخـوان وللمـرة الأولى فرصـة تأسـيس ذراع سياسـية لـه عـلى امتـداد تاريخـه وهـو مـا سـنعرض لـه لاحقـاً[27].

ومـن أبـرز قيـادات هـذا الجيـل محمـد مهـدي عاكـف، المرشـد العـام الأسـبق لجماعـة الإخـوان المسـلمين وهـو المرشـد العـام السـابع للجماعـة تـوفي عـام 2017، ومفتـي الجماعـة وعضـو مكتـب الإرشـاد الشـيخ محمـد عبداللـه الخطيـب الـذي تـوفيَ عـام 2015، ومحمـود عـزت القائـم بأعـمال المرشـد العـام لجماعـة الإخـوان المسـلمين بـين عامـي 2013 و2020 والمعتقـل حاليـاً عـلى ذمـة قضايـا سياسـية[28] ثـم محمـد بديـع، المرشـد الثامـن والحـالي لجماعـة الإخـوان المسـلمين بعـد انتخابـه في 16 ينايـر 2010 خلَفـاً للمرشـد السـابق مهـدي عاكـف، والمعتقـل بتهـم تتعلـق بالتحريـض عـلى العنـف منذ عـام 2013 أيضـاً، ويعتـبر هذا الجيـل صاحـب الإخفاقـات الكـبرى في تاريـخ الجماعـة منـذ نشـأتها حتـى يومنـا هـذا[29].

فبعـد 3 أيـام مـن انتخـاب حسـن الهضيبـي مرشـداً عامـاً في 17 أكتوبـر 1951، عُقِـدَ اجتـماع يضـم 68 عضـواً مـن الهيئـة التأسيسـية بالجماعـة، جلهـم مـن المعارضـين لـه، كان أشـبه بالانقـلاب داخـل الجماعـة عـلى القيـادة الجديـدة، وعـلى الفـور قامـوا باتخاذ خمسـة قـرارات شـملت: اعتبـار الهضيبـي في إجـازة، وإلغـاء مكتـب الإرشـاد، وإلغـاء قـرارات الفصـل والإيقـاف التـي صـدرت في الأعـوام الثلاثـة الأخـيرة، وتكويـن لجنـة مؤقتـة لإدارة شـؤون الجماعـة، غـير أن ذلـك لم يلـقَ قبـولاً مـن بقيـة أعضـاء الجماعـة

---

27. Khalil Al-Anani, op.cit.

28. Ibid.

29. ضياء رشوان، «أجيال الإخوان بين المحافظة والاعتدال»، مصدر سابق.

ما أفشل مخطط الانقلاب، وفي نوفمبر 1953 أصدر الهضيبي قراره بفصل أعضاء بارزين على رأسهم، عبدالرحمن السندي رئيس النظام الخاص[30].

وفي أوج أزمة الجماعة مع الرئيس الراحل جمال عبد الناصر، استطاع الأخير لاسيما في سبتمبر 1952 أن يجذب تأييد مشاهير من مشايخ التنظيم، أمثال «أحمد حسن الباقوري» (1907 - 1985)، الذي قدمَ استقالته من عضوية الهيئة التأسيسية للجماعة لتولي وزارة الأوقاف، بالإضافة إلى البهي الخولي، وسيد سابق، ومحمد الغزالي، وعبدالعزيز كامل، ضمن فترة وصفت بـ «محنة التأييد»، وخلفَت تباينات واسعة داخل جماعة الإخوان المسلمين[31].

2. الجيل الثاني: جيل المرحلة الساداتية والعمل الطلابي في الجامعات

على النقيض من تشكل الجيل الأول الذي بدأ البنّا في تكوين قاعدته من أبناء الطبقة المجتمعية «التقليدية» من الحرفيين، والصنّاع، والتجار وبعض من الأساتذة والمدرسين في السلك التدريسي والتعليمي، جاء هذا الجيل من مساحة مغايرة إلى حد كبير عن سابقتها من قلب الجامعات المصرية حيث المستوى التثقيفي الأعلى البعيد عن «شعبوية» الجيل الأول في الشكل والمضمون باستثناء بعض الأفراد من الإخوان مثل سيد قطب وبعض الوجوه الأخرى من المنظّرين الدينيين لا الحركيين، وذلك على امتدادات هذه الجامعات من القاهرة إلى الوجه البحري والإسكندرية - في فترة السبعينيات الذين انضموا إليها في ظل مناخ إسلامي عام تبنّته وأشاعته الدولة فترة الرئيس المصري محمد أنور السادات - في سنواته الأولى[32].

30. «12 أزمة داخلية أصابت الإخوان في 93 عاماً»، وكالة الأناضول، مصدر سابق.

31. المصدر السابق.

32. . Khalil Al-Anani, op.cit.

وينظر بعضهم إلى تلك الفترة على أنها بمنزلة البداية لمرحلة التأسيس الثاني للجماعة بعد ما منيت به من هزائم فكرية ومجتمعية وسياسية أيضاً على مستوى العلاقة البينية من جهة وبينها والعالم الخارجي من حولها من جهة ثانية، رغم انتشارها في كثير من البلدان العربية والإسلامية إذ كان التعاطف جراء المظلومية التي طرحها الإخوان وسوقوا لها في أدبياتهم أسبق من قبولية الفكر والانجذاب لأيديولوجية التنظيم. ففي هذه المرحلة نجحت الجماعة في استقطاب الشريحة الاجتماعية الأكثر نشاطاً بهدف ضخ الدماء مجدداً في التنظيم العليل ومن ثم تتجدد صفوفهم بعد حالة من التجمد أواخر عصر عبد الناصر والصدام الإخواني مع الدولة المصرية[33] .

استفاد هذا الجيل كثيراً من أخطاء سلفه وتحرر بشكل كبير مما كان يتوجس منه خيفةً الجيل الأول وتحديداً في أشكال علاقته مع القوى السياسية الأخرى في المشهد السياسي المصري خاصة المعارضة منها، بعد أن أسهمت الحركة السياسية الطلابية في تذويب الفوارق الأيديولوجية لحد كبير وتضييق الهوة بين القطاعات الطلابية على اختلاف تنويعاتهم السياسية، والعمل على أرضية مشتركة تقف على الضفة الأخرى من السلطة السياسية، وهو ما جعل هذه المرحلة ليس في تاريخ الإخوان إنما في تاريخ الحركة الطلابية بأكملها فريدةً ومميزةً[34] وتبنّيهم القليل من وجهات نظر أكثر ليبرالية بشأن القضايا الاجتماعية[35] .

كان هذا الجيل قد بلغ سن الرشد حين عادت الجماعة إلى الساحة السياسية في السبعينيات بعد أن أطلق الرئيس أنور السادات سراح العديد من الإخوان من

---

33. Ibid.

34. Ibid.

35. ضياء رشوان، «أجيال الإخوان بين المحافظة والاعتدال»، مرجع سابق.

السجن واتبع سياسة أكثر تصالحية تجاه الجماعة، ومع صعود العنف الجهادي للتنظيمات الأكثر راديكالية من الإخوان في ذلك الوقت ظهر الفارق الجيلي في بروز براغماتية هذا الجيل في التقرب إلى السلطة وإن كان وظيفياً في خدمة إعادة تموضعها مجدداً كإحدى أدوات النظام في مواجهة الجهاديين الجدد[36]. وكان من أشهر أبناء هذا الجيل وأشهر ممثليه «عصام العريان»، و«عبد المنعم أبو الفتوح» و «محمد سعد الكتاتني»[37] . هذه العوامل كلها ساعدت على أن يسلك أبناء هذا الجيل مسارات مختلفة وبشكل براغماتي رغبة في إصلاح الجماعة على المستويين الفكري والتنظيمي[38] ، لكنه في الوقت ذاته كان محكوماً بقبضة حديدية من قيادات الجيل الأول ما جعله يصطدم بهم[39].

والمتأمل لهذه المرحلة الجيلية يجد جملةً من الملاحظات المهمة في سياق تطور الجماعة داخلياً وعلى الصعيدين السياسي والمجتمعي، كان من أبرزها اتساع دائرة النشاط الإعلامي لأبناء هذا الجيل وقياداته واضطرارهم للتعامل شبه المنتظم مع وسائل الإعلام العامة والموجهة لقطاعات واسعة من الجماهير العربية والإسلامية، ما كان له كبير الأثر في تحولات طالت الشكل والمضمون للخطاب العام للجماعة وبالتالي أفكارهم، وهو ما لم يعرفه الجيل الأول أو يتطلع إليه الذي اعتاد التوجه من خلال وسائله الإعلامية الخاصة ذات الطبيعة الإسلامية وليس الوسائل العامة [40].

---

36. المصدر السابق.

37. Jeffrey Martini, op.cit.

38. عبد المنعم منيب، «الإخوان المسلمون.. بين صراع الأجيال وصراع الأفكار»، الإسلام اليوم، 23 فبراير 2010، https://rb.gy/9fbpyj

39. ضياء رشوان، «أجيال الإخوان بين المحافظة والاعتدال»، مصدر سابق.

40. المصدر السابق.

في موازاة ذلك تولد لدى هذا الجيل قدر من الخبرة لم تتوافر للجيل السابق بحكم ظروفه الخاصة والسياق التاريخي الذي نشأ فيه ما جعله مختلفاً عنه جراء احتكاكه بالعالم الخارجي وما يضمه من قوى إسلامية وغير إسلامية أهلته للتعرف على تجارب إسلامية أخرى مماثلة في كل من إيران وتركيا والجزائر. وفي الوقت ذاته تعرض هذا الجيل لمؤثرات فكرية جديدة أتته من مصادر أخرى غير «إخوانية» تقليدياً وجدت طريقها إليه بعد رحيل الغالبية الساحقة من مفكري الجيل الأول التقليديين من الإخوان[41].

ويمكن تلمس هذا التطور في الإقدام على المشاركة السياسية في قطاعات نقابية مختلفة بعد أن صاروا أبناء مهن ذات وزن في المجتمع مثل الأطباء والمحامين والمهندسين خاصةً بعد اغتيال الرئيس السادات في أكتوبر 1981[42].

وبالفعل وخلال السنوات التالية استطاع هذا الجيل أن يحقق للجماعة على المستويين السياسي والنقابي في مصر ما لم يتحقق لها من قبل طوال تاريخها السابق، من خلال أنشطتهم النقابية والسياسية والإعلامية والطلابية، وخاصةً بعد أن زاد بريق الجماعة في ظل تراجع وزن جماعات العنف الإسلامي المتشددة وجاذبيتها بدءاً من النصف الثاني للتسعينيات وهو ما سينقلنا بعد ذلك نحو مرحلة جديدة مع الجيل الثالث للإخوان في ثمانينيات وتسعينيات القرن الماضي[43].

---

41. Osman Aydemir, "MÜSLÜMAN KARDEŞLER HAREKETİ: TARİHİ VE BUGÜNÜ",Insamer, Araştırma 136, Şubat 2021. https://bit.ly/35C0hFd .

42. ضياء رشوان، «أجيال الإخوان بين المحافظة والاعتدال»، مصدر سابق.

43. Khalil Al-Anani, op.cit.

ولايفوتنا ونحن بصدد تناول هذا الجيل ما تمخض عنه من بزوغ ظاهرة «التيار الإصلاحي داخل الجماعة» وسنفرد له شرحاً وافياً - والذي نشأ مع ما أطلق عليه بجيل الوسط وتحديداً في هذه الفترة الجيلية الثانية التي بدأت مع السادات والأنشطة الطلابية في الجامعات، وقد حظي هذا المصطلح باهتمام خاص والذي عرف اختصاراً بجيل النشطاء الذين برزوا من خلال السياسة الطلابية في السبعينيات وانتخبوا لاحقاً لمناصب قيادية في النقابات والجمعيات المهنية في الثمانينيات والتسعينيات، وأصبح بعض هؤلاء الأفراد فيما بعد برلمانيين عندما تنافس الإخوان المسلمون على المقاعد كمستقلين أو في ائتلافات انتخابية مع أحزاب سياسية معترف بها، وهو ما سيجعلهم بعد ذلك يندفعون نحو الانشقاق كما في حالة عبد المنعم أبو الفتوح وأبو العلا ماضي اللذين تركا الإخوان لمتابعة مشاريعهما السياسية الخاصة[44].

وكان السبب الرئيسي في هذا التحول الذي دفع بعض الإصلاحيين إلى ترك الجماعة والتمرد على التنظيم أنهم لم يدخلوا النشاط الإسلامي من خلال بوابة الإخوان، بل كانوا جزءاً من «الجماعة الإسلامية»، التي ازدهرت في جامعات مصر في السبعينيات، وفي وقت لاحق تم دمج بعض من نشطاء هذه الحركة رسمياً في جماعة الإخوان المسلمين، ولم ينشؤوا في حظيرتها منذ نعومة أظفارهم[45].

وقد تجسد الصراع في هذه المرحلة وأخذ شكلاً مغايراً عن سابقه، حيث برز ما يمكن وصفه بالتنافسية التي ستأخذ مسارها مع الجماعة إلى وقتها الراهن المعاش،

---

44. Ibid.

45. Ibid.

وذلـك بـين المحافظـين «التقليديـين» الذيـن يشـكلون نـواة الجيـل الأول، مـن جهـة و»الإصلاحيـين» الذيـن أفرزتهـم المرحلـة التأسيسـية الثانيـة للجماعـة مـن جهـة أخـرى، والذيـن كان لانضـمام العديـد مـن النخـب الطلابيـة الشـابة للجماعـة -كـما عرضنـا آنفاً- وانتقالهـم بعـد ذلـك إلى مسـاحات جديـدة نقابيـة وغيرهـا، دور تأثـيري بالـغ الأهميـة.

ومنـذ تلـك الفـترة أصبـح الـصراع الفكري بـين المكونين يأخذ أشـكالاً عدة ينعكس بشـكل كبـير عـلى التنظيـم ويـدور في فلكـه، سـواء تلـك التـي تتعلـق بالشـأن الداخـلي للجماعة أو التـي تتعلـق بموقـف الجماعـة مـن القضايـا المختلفـة. فقـد كان لـ»الإصلاحيـين» دور كبـير في التحـرك بالجماعـة حيـال فـك عزلتهـا التـي فرضتها على نفسـها جـراء الإجـراءات والقيـود السياسـية التـي طوقتهـا قبـل ذلـك، خاصـة خـلال العهـد النـاصري ومـا تـلاه، وهـو مـا جعـل عمـر التلمسـاني يرضـخ أمامهـم ويقبـل بدخـول الجماعـة مجـدداً معترك السياسـة والمشـاركة عـلى نطـاق أكـبر، مـن خـلال خـوض غـمار التجربـة البرلمانيـة أوائـل الثمانينيـات وهـو مـا سـنفرد لـه بالتفصيـل لاحقا.

3. الجيـل الثالـث: جيـل الثمانينيـات والتسـعينيات ومطلـع الألفيـة.. وفـترة الرئيـس مبـارك.

تمثـل فترتـا الثمانينيـات والتسـعينيات مـن القـرن المـاضي أزهـى الفـترات التـي عايشـت خلالهـا جماعـة الإخـوان المسـلمين حضـوراً عـلى المسـتويات كافـة داخليـاً وخارجيـاً، واتسـع نشـاطها بالقـدر الـذي حقـق لهـا تمـدداً وقبـولاً داخـل البنـى المجتمعيـة المصرية وهـي الفـترة نفسـها التـي ظهـرت خلالهـا بـوادر الـصراع الجيـلي بينـه وبـين الجيلـين السـابقين عليـه كـشرط طبيعـي لتغيـير الظـروف والأفـكار المتواليـة[46].

46. Osman Aydemiro, op.cit.

ويرجع ذلك بالأساس إلى أن هذا الجيل وتحديداً ممن تشكل من المناطق الحضرية مثل القاهرة والإسكندرية والمنصورة - كان أكثر قبولاً وانفتاحاً من الناحية الفكرية من الإخوان الأكبر سناً والمنتمين إلى الجيلين السابقين، إضافةً إلى أن شباب هذا الجيل لم يخضع للتلقين الأيديولوجي الصارم والاستمالة التنظيمية التي خضعت لها الأجيال السابقة من الإخوان، فضلاً عن أن الجماعة عموماً كانت تميل إلى الانخراط في العمل السياسي أكثر من التوعية الدينية على مدى العقد الماضي[47].

ومع رغبة هذا الجيل في الاندماج أكثر في الحياة السياسية في مصر ومع انتقاده الشديد للخطاب السياسي والديني للشيوخ الأكبر سناً نمت لديه الرغبة في التحول إلى حزب سياسي بدلاً من اقتصار الجماعة على النشاط الدعوي، وذلك عن قناعة بأن التحول إلى حزب سياسي هو السبيل الوحيد لحماية الإخوان المسلمين من الانقراض. وجاء ذلك في خضم حالات التصادم البيني داخل الجماعة في هذه الفترة وفي سياق انتقادات هذا الجيل للهيكل التنظيمي للجماعة باعتباره غير ديمقراطي حسب أقواله في تلك الفترة، وقد كانت اجتهادات هذا الجيل في هذه الفترة جديدة على التنظيم، إذ كان له موقف مختلف تماماً فيما يتعلق بفكرة «الدولة الإسلامية». فضلاً عن تطور ملحوظ في النظر إلى الدولة الوطنية المعاصرة وهو ما اتضح في بعض ما نقل من أدبيات تلك الفترة بأن المهمة الرئيسية للجماعة هي بناء دولة ديمقراطية ومدنية داخل مصر وليس دولةً دينية[48].

وعلى الرغم من هذه الأفكار الطموحة والأماني الحالمة كافة نحو الإصلاح والمشاركة السياسية فإنها ظلت حبيسة أصحابها ولم تخرج عن إطار كونها مجرد أقوال تفتقر

47. Jeffrey Martini, op.cit.

48. ضياء رشوان، «أجيال الإخوان بين المحافظة والاعتدال»، مصدر سابق.

إلى القـدرة الحقيقيـة للفعـل لأسـباب تعـود في معظمهـا إلى أن الجماعـة لاتـزال محافظة بشـدة وأن هـؤلاء الشـباب وأبنـاء هـذا الجيـل يفتقـرون إلى الوصـول إلى مراكـز صنـع القـرار داخـل الجماعـة إذ لاتـزال رغـم المـرور نحـو الطـور الجيـلي الثالـث في قبضـة الإخـوان الأقـدم سـناً والمنتمـين إلى الجيـل التأسـيسي الأول[49].

وفي أواخـر التسـعينيات بـدأت أزمـة شـباب الإخـوان وصراعهـم مـع الجيـل المؤسـس تتفاقـم وتأخـذ شـكلاً آخـرَ مـن الصـدام بعـد ضمـور قنـوات الحـوار الداخـلي وهيمنـة ثقافـة الطاعـة والامتثـال المؤسسـية، وعـدم وجـود معايـير شـفافة وموضوعيـة للسـماح بالتقـدم الداخـلي للشـباب، مـا دفعهـم نحـو البحـث عـن طـرق جديـدة خـارج الجماعة للتعبـير عـن آرائهـم ووجهـات نظرهـم وقـد وجـدوا في المدونـات والصحافـة الشـعبية متنفسـاً لهـم فعـبروا مـن خلالهـا عـما ينشـدونه مـن تغيـير وعـن آرائهم بجـرأة وقـوة[50].

وقـد أطلـق عليهـم «جيـل المدونـين» لاسـتخدامهم لوسـائل التواصـل الاجتماعـي، خاصة بعـد بروزهـا بشـكل قـوي مـع منتصـف العقـد الأول مـن القـرن الحـادي والعشريـن وكانـت غالبيتهـم مـن الشـباب الأقـل مـن 35 عامـاً إذ كانـوا يتمتعـون بـذكاء تقنـي أكثر مـن سـابقيهم، وانضمـوا لاحقـاً للاحتجاجـات التـي أطاحـت الرئيـس مبـارك[51].

ومـع عـودة المواجهـة الأمنيـة لنظـام مبـارك ابتـداءً مـن منتصـف التسـعينيات للإخـوان انغلقـت الجماعـة مـرة أخـرى عـلى نفسـها وتبنّـت في ذات اللحظـة هويـة دينيـة مـرة أخـرى مـن أجـل الحفـاظ عـلى هيكلهـا المؤسـسي وبنيتهـا التنظيميـة، وكان التدويـن

49. Osman Aydemir, op.cit.

50. Ibid.

51. Marc Lynch, op.cit.

إحـدى أدوات المواجهـة مـن قِبـل شـباب الجماعـة ضـد النظـام، ورغـم ذلـك سـمح الأخـير بمتنفـس نسـبي مـع الجماعـة مـن أجـل التخلـص مـن الضغـوط الدوليـة وكان الـصراع بـين الأجيـال أكـثر حـدة داخـل الإخـوان[52]. واتسـعت أكـثر مـع وفـاة المرشـد العـام للجماعـة محمـد حامـد أبـو النـصر عـام 1996 ومجـيء مصطفى مشـهور كمرشـد عـام خلفـاً لـه، بعـد أن تمـت تنحية آراء الشـباب وغـض الطرف عـن أفكارهـم و لم تؤخذ في الاعتبـار، ونتيجـةً لذلـك تـم إبعادهـم عـن القسـم الحاكـم في الجماعـة، وكان لهـذا كبـير الأثـر في انسـحاب جـزء كبـير مـن جيـل الشـباب وانشـقاقهم عـن التنظيـم[53].

ونتيجـةً لممارسـات مشـهور المتشـددة تجـاه جيـل الشـباب وإقصائهـم مـن داخـل الجماعـة سـارعوا بالإعـلان عـن تأسـيس حـزب جديـد أطلقـوا عليـه «الوسـط» ومثـل انعكاسـاً واضحـاً لمـدى تبلـور الأفـكار الليبراليـة التـي بـدأت تتشـكل في جماعـة الإخـوان المسـلمين منـذ السـبعينيات[54]. ومنهـم أبـو العـلا مـاضي (عضو شـورى الجماعـة) ومحمد عبداللطيـف وصـلاح عبدالكريـم[55].

فيـما أسـهم إغـلاق أبـواب ممارسـة العملـين السـياسي والنقـابي مـن جانـب الحكومـة في التقليـل مـن فرصـة اكتسـاب هـذا الجيـل خـبرة العمـل العـام والمشـترك مـع القـوى السياسـية الأخـرى، الأمـر الـذي جعـل كثيريـن مـن المنتمـين إليـه ينكفئـون على النشـاط الداخـلي «الـسري» في الجماعـة بـكل مـا يحملـه هـذا مـن تزايد لنزعـة المحافظـة بينهم. بيـد أن ذلـك لم يَـرقْ للشـباب الـذي بـدأ تشـكله وسـط زخـم تصاعـد الأفـكار الليبراليـة

---

52. Osman Aydemir, op.cit.

53. Marc Lynch , op.cit.

54. Ibid.

55. . «12 أزمة داخلية أصابت الإخوان في 93 عاماً»، وكالة الأناضول، مصدر سابق.

والتقدم التكنولوجي، فأصبح بذلك حزب «الوسط» أهم مؤشر على التحول في جماعة الإخوان المسلمين بعد أن اتسعت الفوارق الفكرية والتنظيمية بين الجيل التقليدي والجيل المبتكر خاصةً حينما اصطدمت فكرة إقامة الدولة الإسلامية في التصور الأيديولوجي الإخواني ونظرائهم داخل الجماعة الذين كانوا على النقيض منها، وعبر أفكار أكثر مرونةً والمزيد من القضايا الوطنية، وكان للنزوع المحافظ والاتجاه السلفي الصاعد سواء الذي اجتاح مصر والعالم العربي، آنذاك، من جهة، أو على المستوى الداخلي في الجماعة الذى لقي هوىً عند كثير من القيادات القديمة والتي زادت من مركزيته، من جهة أخرى[56].

ويمكن تلمس تأثيرات السلفية المتشددة داخل جماعة الإخوان المسلمين وتطورها على النحو الذي دفع العشرات من إخوان جامعة الأزهر في نهايات عهد المرشد الرابع محمد حامد أبو النصر، إلى الخروج والاستقلال عن الجماعة تحت قيادة مسؤولها في الأزهر «محمد رشدي» (وقد عرف التنظيم باسمه)، وكانت مجموعة أقرب للتأثر بالأفكار القطبية وتأخذ على الجماعة ما اعتبرته خروجاً على الخط الإسلامي الملتزم[57].

ومع ظهور حركة كفاية 2004 أخذ المشهد السياسي منحنى جديداً ومغايراً، إذ شهدت المعارضة المصرية في ذلك الوقت حراكاً غير مسبوق منذ وصول مبارك إلى السلطة عام 1981، وتكونت الحركة من شبكة فضفاضة من النشطاء من جميع أنحاء الطيف السياسي عززه الحضور الصاعد والقوي للشباب داخلها، والذي

---

56. Marc Lynch, op.cit.

57. حسام تمام، «لماذا لا تنشق جماعة الإخوان المسلمين»، مرصد الظاهرة الإسلامية، 2 آذار 2010، https://rb.gy/7nt8ve

برز بشكل كبير مع ظهور تكنولوجيا المعلومات وتوظيفها من قبل بعضهم، كإحدى أدوات وآليات مواجهة نظام مبارك وسلطته السياسية، وذلك بهدف خلق واقع جديد يعمل على محو الخطوط الحمراء في الحياة العامة المصرية، والوقوف أمام إمكانية نقل مبارك الرئاسة إلى نجله جمال أو ما كان يعرف وقتها بـ (توريث السلطة)[58].

وهو ما جعل الإخوان يبطئون في بداية ظهور الحركة في المشاركة معها وحينما حدث ذلك كانت مشاركات على استحياء لعدد من رموز وقادة الصف الأول ثم بدأ التنسيق معها مثل ما حدث في احتجاجات 29 مارس 2005 التي شهدت مشاركة عشرات من الإخوان وتم تسليط الضوء عليها إعلامياً بشكل أثار غضب القوى الأمنية المصرية فعملت منذ ذلك على تشديد إجراءاتها الأمنية ضد الجماعة برموزها القديمة وشبابها معاً خشية تمددها[59].

تزامن مع ظهور حركة كفاية وفاة مأمون الهضيبي عام 2004 ومن ثم انتخاب محمد مهدي عاكف مرشداً جديداً خلفاً لسلفه الهضيبي، وعلى الرغم من أن مهدي عاكف كان من قيادات الجيل الأول الأكثر محافظة وتشدداً فإن السياقات الجديدة التي أفرزتها تحولات المشهد السياسي مع الألفية الثانية والمتغيرات التي عايشتها مجمل التيارات السياسية والدينية في الداخل ومع صعود التكنولوجيا وتوظيفها في سياق المواجهة البينية بين المعارضة والسلطة السياسية، اضطر عاكف إلى إجراء بعض الإصلاحات الداخلية وأن يرضخ للواقع الجديد الذي أحكم خلاله مبارك قبضته الأمنية

58. Osman Aydemir, op.cit.

59. Ibid.

على الجماعة فأظهر أشكالاً من البراغماتية السياسية بهدف فك الطوق الملتف حول رقبة الجماعة ومضى نحو تهدئة مؤقتة مع نظام مبارك الأمني من خلال طرح شعار «الحل في الإصلاح» بدلاً من الشعار الرئيسي «الإسلام هو الحل»، محاولاً في الوقت نفسه الحفاظ على تماسك التنظيم بتعيين كلٍّ من «خيرت الشاطر» أحد الوجوه المحافظة والمتشددة و«محمد حبيب» المنتمي للجيل المؤسس[60].

واشتدت المواجهة الأمنية بين الدولة والإخوان عقب الانتخابات البرلمانية في نوفمبر 2005[61]. رغم إفساح النظام السياسي، آنذاك، لهم بالمشاركة السياسية ونجاحهم في التمثيل النيابي بـ 20% من إجمالي المقاعد البالغة 454 مقعداً بمعدل 88 نائباً وبنسبة أكبر من برلمان 1987، الذي كان نصيبهم فيه أقل بمعدل (36 نائباً) فقط[62].

وقد أُخِذ على أغلب نواب الإخوان في برلمان عام 2005، أنهم كانوا بلا أجندة واضحة وليست لديهم قدرة على المناورة السياسية، فضلاً عن أنهم كانوا يفكرون «بعقلية الفصيل» ويقدمون «مصلحة الجماعة» على «المصلحة العامة» ويفتقدون «الخبرة السياسية الكافية»، إضافة إلى «ضعف الوعيين السياسي والمعرفي». وهو أداء لم يتناسب مع عددهم الكبير آنذاك[63].

ومع نهايات عام 2007 أعلنت الجماعة نيتها تأسيس حزب سياسي وأنها بصدد تقديم المسودة الأولى لبرنامج حزبها إلى مجموعة من المفكرين والمحللين للتعليق

---

60. Ibid.

61. Ibid.

62. همام سرحان، نواب الإخوان في برلمان 2005: «أقلية ناشطة» قدمت أداء «دون المستوى»، سويس إنفو، 10 نوفمبر 2010، https://bit.ly/3sPE53o

63. المصدر السابق.

عليهـا، وذلـك في ظـل الرفـض الحكومـي والقيـود الدسـتورية التـي فرضـت مـع دسـتور عـام 2007 الجديـد المثـير للجـدل عـلى الأحـزاب ذات المرجعيـات الدينيـة، لكنـه فيـما يبـدو أن القيـادة الإخوانيـة في ذلـك الوقـت ونظـراً إلى احتـدام الـصراع الجيـلي وتنـازع الاصطفافـات الداخليـة وانقسـاماتها كانـت تـراوغ بهـذه التحـركات بهـدف الوصـول إلى غايـة محـددة ستكشـف عنهـا لاحقـاً[64].

اتسـمت المسـودة التـي تـم تداولهـا في مطلـع سـبتمبر 2007 بقـدر مـن التناقـض في رؤى الإخـوان السياسـية ومواقفهـم خاصـةً تجـاه القضايـا التـي تثـير الجـدل حولهـا، وعـلى رأسـها الموقـف مـن الأقبـاط والمـرأة وشـكل الدولـة والنظـام السـياسي والشريعـة الإسـلامية وغيرهـا، وأكـثر مـا تـم انتقـاده داخلهـا هـو ضبابيـة الفصـل بـين المكونـين الدعـوي والسـياسي لـدى الجماعـة -وهـو مـا سـيبرز لاحقـاً في لائحـة الجماعـة وعملهـا مـع أول تأسـيس فعـلي لحـزب سـياسي يحمـل أجندتهـا عقـب الــ 25 مـن ينايـر أطلـق عليـه فيـما بعـد حـزب الحريـة والعدالـة.

الجديـد الـذي حملتـه هـذه الفـترة وسـياقات هـذا الحـدث هـو أن الخـلاف الحـادث حـول مسـودة الحـزب انطلـق هـذه المـرة مـن داخـل الجماعـة إلى المنصـات الإعلاميـة المختلفـة والمتنوعـة محليـاً وإقليميـاً وظهـر المدونـون الإخـوان في هـذه المرحلـة أيضـاً بقـوة كبـيرة خاصـةً المعارضـين بشـدة للمسـائل الخلافيـة وتحديـداً في مســألتي الأقبــاط والمــرأة، وهنــا ظهــرت مجموعتــان متناقضتــان أولاهــما تــرى أن المســودة تــم إقرارهــا بشــكل تشــاوري ويمثلهــا كل مــن محمــد حبيــب الأمــين العــام للجماعــة، ومحمــود عــزت ومحمــد مــرسي ومحمــود غــزلان

64. المصدر السابق.

مؤكدين على شفافيتها. وثانيتهما المخالفة لها والناقم عليها ممثلة في: عبد المنعم أبو الفتوح وجمال حشمت وعصام العريان، مشددين على أن الطرح الوارد في المسودة لا يعبر عن التوافق الإخواني وأن بعضهم استأثر بالصياغة ولم يأخذ في الاعتبار تنوع الآراء داخل الجماعة. توازياً مع تلميح محمد سعد الكتاتني رئيس الكتلة البرلمانية للإخوان بمجلس الشعب في ذلك الوقت إلى تجاهل رأي البرلمانيين حول مسودة البرنامج. وعلى الضفة الأخرى الموازية كانت أصوات الشباب عبر الوسائط الإلكترونية العربية والإنجليزية المنتقدة للمسودة معبرةً بشكل كبير عن الأزمة الداخلية والصراع الجيلي المحتدم داخل الجماعة حينذاك[65].

ومن الوسائط الإلكترونية إلى ما أطلقَ عليه «صراع الفتوى» بين الجبهتين في محاولة كل طرف منهما إسباغ الشرعية على الآراء السياسية باستجلاب موقف فقهي وعقدي بفتوى علماء الجماعة، ففي حين أكدَ محمد حبيب ورفاقه أن مكتب الإرشاد لجأ إلى أكثر من عالم دين لإنجاز المسودة وأخذ الرأي الفقهي والشرعي حيالها والتي أفضت بعدم أهلية الأقباط والمرأة لرئاسة الجمهورية والوزراء. باعتبارهما من أمور الولاية الكبرى المكفولة بالمسلمين، خالفه الفريق الآخر بزعامة أبو الفتوح بجوازهما بأقوال كل من يوسف القرضاوي ومحمد سليم العوا بعد فتاويهما بأن المناصب سالفة الذكر لا تندرج في سياق الولاية الكبرى وأن إقصاء الأقباط والمرأة لا مسوغ له، وأن المحكمة الدستورية العليا هي المنوطة بضبط ملاءمة التشريعات للمادة الثانية في الدستور وبالتبعية أن الحاجة إلى هيئة كبار علماء الدين لا مبرر لها[66].

---

65. المصدر السابق.

66. المصدر السابق.

وسرعـان مـا حاولـت القيـادة الإخوانيـة تجميـل هذا الـصراع بعد القيـام ببعـض الإصلاحات عـلى البنـود المتنـازع عليهـا وضبطهـا بشـكل يتيـح للمراقـب مـن الخـارج ملاحظـة وجـود تغيـير وإنْ كان شـكلياً، توازيـاً مـع خـروج قيـادات الفريقـين تحـت مظلـة مكتـب الإرشـاد للحديـث عـن هـذه النقاشـات في مجملهـا مـا بـين مؤيـد ومعـارض بأنهـا طبيعيـة وتعكس حيويـة الجماعـة شـأنها في ذلـك شـأن بقيـة الحـركات الاجتماعيـة الأخـرى، لكـن هـذا التجميـل الزائـف كان مجـرد محاولـة للهـروب مـن اتسـاع الفجـوة الجيليـة التـي اتخـذت مسـارها بـلا توقـف ولـن يسـتطيع أحـد أن يوقفهـا وإن أعطـت القيـادات ظهورهـا لهـا وأنكرتهـا وهـو مـا سـيترتب عليـه الكثـير مـن الأحـداث فيـما بعـد[67].

وفي نهايـة عـام 2009 أعلنـت جماعـة الإخـوان المسـلمين انتخـاب مكتـب جديـد لإرشـاد الجماعـة كان الهـدف منـه إحـكام سـيطرة الجيـل المؤسـس عـلى الجماعـة والتيـار المتشـدد والمحافـظ في مقابـل إقصـاء خصومهـم مـن الإصلاحيـين والشـباب، وأعلن حينها المرشـد العـام للجماعـة محمـد مهـدي عاكـف بيانـاً أوضـح فيه تشـكيلة المكتـب الجديد وتـم اسـتبعاد كل مـن النائـب الأول الدكتـور محمـد حبيـب و الدكتـور عبدالمنعـم أبـو الفتـوح المعـروف بزعامتـه للتيـار الإصلاحـي مـن عضويـة المكتـب، وأطاحـت بأحـلام حبيـب في خلافـة عاكـف في قيـادة الجماعـة. في حـين تـم تصعيـد عصـام العريـان الـذي كان محـور الخـلاف الشـهير بـين المرشـد وأعضـاء مكتـب الإرشـاد بسـبب إصرار عاكـف عـلى تصعيـده إلى حـد تقديـم اسـتقالته مـن منصبـه احتجاجـاً عـلى رفـض العريـان عضـواً في مكتـب الإرشـاد[68].

67. مصطفى سليمان، «مكتب إرشاد جديد لإخوان مصر وسط انقسامات حادة في الجماعة»، العربية، 21 ديسمبر 2009، https://rb.gy/73vcro

68. Basil El-Dabh ," The Brotherhood 'deviated' from original focus, prioritised politics over revolution: Kamal Helbawy ", Daily News, June 2, 2014, url: https://rb.gy/6y5g2x

وفي عـام 2010، اسـتقال مهـدي عاكـف واختـار مكتـب الإرشـاد محمـد بديـع قائـداً جديـداً للحركـة، الـذي أدى انتخابـه إلى إثـارة حنـق الكثيريـن مـن التيـار المنـاوئ للقيـادات التاريخيـة المتشـددة خاصـة الشـباب منهـم فضـلاً عـن الإصلاحيـين[69]. انعكـس ذلـك في الخلافـات التـي طفـت مـرة أخـرى عـلى السـطح بينهـما عـلى هامـش الاسـتعدادات للانتخابـات البرلمانيـة لعـام 2010، وذلـك حـول ماهيـة صـورة هـذه المشـاركة السياسـية للجماعـة، فالجيـل المؤسـس الـذي يخضـع مكتـب الإرشـاد لحوكمتـه يفضـل المرشـحين المسـتقلين، في حـين يـرى الجيـل الحـالي وخاصـة الشـباب دعـم حـزب أو مرشـح حـزبي، وللوصـول لموقـف مفصـلي إزاء ذلـك أعـادت مـرة أخـرى فتـح بـاب المناقشـة واسـتطلاعات الـرأي وبعـد مفاوضـات مطولـة، أعلنـت الجماعـة أنهـا سـتخوض الانتخابات مع مرشـحين مسـتقلين[70].

ومـع مجـيء أحـداث 25 ينايـر وإطاحـة الرئيـس مبـارك مـن خـلال تظاهـرات عارمـة اجتاحـت المـدن المصريـة قـرر عبـد المنعـم أبـو الفتـوح الترشـح للرئاسـة في يونيـو 2011، الأمـر الـذي رفضتـه الجماعـة وتمـت إزالـة عضويتـه منهـا بقـرار مـن محمـد بديـع وذلـك رفضـاً لقبـول قـرار شـورى الجماعـة في فبرايـر وإبريـل 2011 بعـدم ترشـح أي مـن أفرادهـا، وهـو القـرار الـذي خالفتـه الجماعـة فيـما بعـد بترشـيح نائـب المرشـد خـيرت الشـاطر ثـم محمـد مـرسي لاحقـاً.

69. Mustafa Menshawy, Karin van Nieuwkerk (editor),"The Ideology Factor and Individual Disengagements from the Muslim Brotherhood", religions, (Switzerland: MDPI, n. 12, 17 March 2021) pp 5-10.

70. بي بي سي نيوز، «مصر: هل تشهد جماعة الإخوان صراع أجيال؟»، 3 مارس 2012، https://rb.gy/cm1tbm

4. الجيل الرابع: إفرازات الـ 25 من يناير 2011 ومخاضات الثالث من يوليو 2013

شهدت مصر في يناير 2011 انتفاضةً كبرى أحدثت الكثير من التغيرات على المستويات الداخلية والخارجية كافة، كان أبرزها التحولات التي طالت كلاً من السلطة السياسية المصرية من جهة وجماعة الإخوان المسلمين وما كانت تمثله من قوة معارضة رئيسية في البلاد، آنذاك، من جهة أخرى[71]. وما يهمنا في هذا الصدد هو انعكاسات هذين الحدثين على جماعة الإخوان المسلمين بشكل خاص، إذ إنه وعلى الرغم من تباطؤ الجماعة في اللحاق بركب الأحداث منذ بداياتها فإنها أضحت فاعلاً مهماً في سياق الأحداث بعد ذلك، خاصةً مع تصاعد موجة الاحتجاجات والتظاهرات التي انطلقت من ميدان التحرير وافتراشها ميادين مصر المختلفة، إلى أن قادت في نهايتها إلى إعلان الرئيس المصري، محمد حسني مبارك، استقالته وتنحيه عن حكم البلاد في الحادي عشر من فبراير للعام نفسه[72].

دفعت التحولات الناجمة عن التغيير الطارئ وغير المتوقع في مصر عقب أحداث 25 يناير إلى أن تواجه جماعة الإخوان المسلمين جملة من التحديات الداخلية والخارجية المتمثلة في علاقتها مع القوى السياسية الأخرى، فضلاً عن السلطة، وفي غالبيتها اختلفت بشكل كبير عن نظائرها من المشكلات والعقبات التي واجهتها على امتداد العقود الثمانية الماضية من تاريخها قبل هذا الحدث المفصلي، فيما كان الجديد الذي حملته هذه التحديات ما تعلق بالشأن الداخلي والبنية التنظيمية للجماعة، التي شهدت انقساماً كبيراً وتصدعاً جيلياً كان له دور في حالة التيه الذي تعيشه الجماعة في اللحظة الراهنة، فالصدام بين جيل الشباب الذي

71. المصدر السابق.

72. Mustafa Menshawy, op.cit.

عايش هذه الفترة والجيل الأول «المؤسس» كان أشبه بمحاولة تمرد على النسق التقليدي للجماعة ورفض الوصاية والانقلاب على مبدأ السمع والطاعة، إذ بحث بعضهم عن خلق مناخ مغاير ينطلق نحو حرية التعبير والرغبة في تغيير القيادة الداخلية قبل تغيير الواقع من حولها فآثرت الخروج من ضيق الجماعة وأسرها في النصف الثاني من عام2011[73].

وبدأت الأحداث تتوالى حينما أعلن الشباب اعتزامهم المشاركة في إحدى الفعاليات الاحتجاجية عقب إطاحة الرئيس الأسبق مبارك، أطلق عليها «يوم جمعة الغضب الثانية» وذلك ضمن تحالف شبابي أُطلقَ عليه «تحالف شباب الثورة». الأمر الذي لم تقبله قيادات الجماعة ورفضت أن تمرره، فبادرت بدعوتهم إلى الانسحاب الفوري من الائتلاف. وعلق محمود حسين، الأمين العام للإخوان المسلمين في ذلك الوقت بقوله: «لا يوجد حالياً ممثلون للإخوان في تحالف شباب الثورة» وأتبعه بإصدار بيان على موقع «إخوان أون لاين» يشدد على ذلك[74].

وبرغم ما تقدم، تشبث الشباب بموقفهم من المشاركة السياسية مع نظرائهم في تحالف شباب الثورة وسارع مكتب الإرشاد بتعليق عضوية بعضهم[75]. خاصة بعد أن اصطفوا مع القوى السياسية الأخرى مطالبين بوضع دستور جديد قبل الانتخابات النيابية خلافاً للتعديلات الدستورية التي شاركت جماعة الإخوان المسلمين في صياغتها ودعوا لها في مارس 2011 [76].

73. Ibid.

74. Ibid.

75. كريستين ماك، «صراع أجيال داخل تنظيم الإخوان المسلمين»، Dw، 12 مارس 2015، https://rb.gy/b6a1dy

76. Mustafa Menshawy, op.cit.

مثلت هذه المواقف السياسية داخل الجماعة مع القضايا المستجدة بفعل المتغيرات الحادثة في المشهد المصري القاعدة التي انطلق منها الصراع الجيلي في هذه المرحلة على وجه الدقة، وما نتج عنها من انشقاقات وتعليق لعضويات الكثير من جيل الشباب ما دفع بعضهم في رحلة خروجهم من الجماعة أو إخراجهم منها إلى كتابة سير ذاتية لهم تحكي تجاربهم داخلها[77]. بعد أن اكتشف هذا الجيل حجم الأزمة لدى القيادة المنتمية في معظمها إلى الجيل الأول المؤسس الذي يقود الجماعة بعد أن عجزت عقليته التنظيمية أن تتطور في ظل لحظة استثنائية تمر بها البلاد، ما أشعر شباب الإخوان بضرورة الاختيار ما بين الرحيل طواعية أو الانتظار حتى يسري عليه ما لحق بأقرانه المفصولين، ومن العسير أن تجتمع طموحات هذا الجيل السياسية ومصالح الجماعة والجيل المهيمن القائم في هذه اللحظة[78].

وجاء انتخاب محمد مرسي رئيساً في 30 يونيو 2012 ليحصل الإخوان على فرصة تاريخية لم تحظَ بها من قبل، مع حصد أغلبية في البرلمان، وهو واقع لم يكن تخيله ممكناً في حقبة ما قبل عام 2011. ومع ذلك، فإن المكاسب السياسية للجماعة لم تدم طويلاً بعد أن علق الجيش العمل بالدستور وعزل مرسي من الرئاسة ووضعه قيد الاعتقال في الثالث من يوليو 2013 في أعقاب احتجاجات شعبية ضده كانت تطالب بانتخابات رئاسية مبكرة، ثم تم إلقاء القبض على المرشد العام لجماعة الإخوان المسلمين محمد بديع وعدد من قيادات الجماعة[79].

أسهمت هذه الأحداث الدراماتيكية للجماعة مرةً أخرى في زيادة رقعة الانشقاقات داخل الجماعة وخروج عدد كبير منها كما حدث عقب أحداث يناير، إذ إن فقد الإخوان

---

77. كريستين ماك، مرجع سابق.

78. سيف الإسلام عيد، «عن القيادات والفرص الضائعة في الإخوان المسلمين»، العربي الجديد، 26 سبتمبر 2020

79. المصدر السابق.

للسلطة في أقل من عامين دفع العديد من الأفراد إلى انسحابهم من جماعة الإخوان المسلمين، لأسباب في معظمها تتعلق بخيبة الأمل في قيادة التنظيم وعدم فهمهم لطبيعة التحولات والمتغيرات الملتفة من حولهم، من جهة، ومن الأداء الذي لم يواكب اللحظة الثورية وما استدعته في 25 يناير طوال العامين الماضيين من جهة أخرى[80].

وما دل على حجم اتساع الفجوة بين جيل الشباب والجيل المؤسس الذي كان يقود الجماعة - وما زال - في ذلك الوقت ما صرح به أحد إعلاميي الإخوان في لندن ويدعى «عبد الله الحداد» بأن هناك فجوة بين الأجيال داخل الجماعة «وشارحاً ذلك عبر توصيفه بأن الشباب داخل الجماعة كانوا أكثر استعداداً لتحمل المخاطر، في حين كان الجيل الأكبر من أعضاء الإخوان أكثر حذراً». لقد بدا واضحاً أن الاختلافات في التنظيم بين الأجيال أصبحت عميقةً وغائرةً عن أي وقت مضى، وهو ما يفسر جنوح بعضهم نحو العنف والتطرف والانخراط في عمليات مسلحة ضد الدولة بعد أن فقد الأمل في كل شيء حوله[81].

ويمكن القول انطلاقاً من العرض السابق أن الجيل الذي عايش الفترة بين 25 يناير 2011 وأحداث 2013 تأثر وعيه السياسي بهذه الفترة التاريخية، والتحق أغلبه بالجامعات في فترة شهدت تحولات سياسية واجتماعية جذرية في التاريخ المصري، وعلى الرغم من كونه من أبرز الفواعل السياسية في تلك الأحداث، فإنه لم تتم الإشارة إليه داخل الجماعة ولم يحظَ باهتمام يذكر من قِبل قياداته التي تسببت

80. كريستين ماك، مصدر سابق.

81. Eric Trager , “The Muslim Brotherhood: From Opposition to Power”, **The Washington Institute for Near East Policy,** May 15, 2013, url: https://rb.gy/ficce5

في تسهيل انشقاقه التنظيمي[82]، والدفع به نحو العنف واستحضار أدبيات النظام الخاص عبر ممثلها الجديد «محمد كمال» قبل مقتله.

وما زاد من معاناة هذا الجيل أيضاً ما يمكن تسميته «أزمة الموارد» أو «أزمة التمويل» التي حالت دون ظهوره للعلن، أو إعلانه عن ذاته، أو التكتل في شكل تيار، فلم يلقَ دعماً ولم يراهن عليه أحد، ناهيك عن افتقاده لنوافذ إعلامية تخوله الظهور من خلالها دون وصاية، وعجزه عن تكوين الشبكات الاجتماعية التعاضدية، فكان المتنفس الأوحد له هو وسائل التواصل المجتمعي، التي عبروا من خلالها عن رؤاهم، ليلقوا اتهاماً من الجيل الأول بالعمل ضد الإخوان، وأنهم أداة استخباراتية موجهة ضد الجماعة وقياداتها[83].

ثانياً: الظواهر التي أفرزتها الصراعات الجيلية داخل جماعة الإخوان المسلمين

أفرزت الصراعات الجيلية داخل جماعة الإخوان المسلمين مجموعة من الظواهر التي كان لها تأثير واضح على الجماعة وعلى مساراتها المستقبلية ومن أهم هذه الظواهر ما يلي:-

1. ثنائية المحافظين والإصلاحيين وجدليتها في مشهد الإخوان المسلمين

كانت أولى الظواهر التي أفرزتها الصراعات الجيلية داخل الجماعة هي ثنائية «المحافظين والإصلاحيين» بعد أن كشفت عن وجهها بقوة خلال الجيل الثاني للجماعة وتحديداً في فترة الرئيس الراحل محمد أنور السادات، رغم أن إرهاصاتها

---

82. Carrie Rosefsky Wickham," The Muslim Brotherhood: Evolution of an Islamist Movement", Institute on culture, Religion and World Affairs, 16 October, 2013, pp 2-5.

83. Ibid

الأولى رافقت مرحلة التأسيس لدى الجيل الأول، فقد دأبت الجماعة على تقديم ميولها «المحافظة» على نزعاتها «الإصلاحية» منذ أيام حسن البنّا ومساعيه نحو تحقيق التوازن في علاقته ما بين السلطة السياسية ممثلةً في القصر والقوى السياسية في الداخل المصري من جهة، واسترضاء أتباعه من جهة أخرى[84].

ويمكن التأريخ لبداية نشوء هذه المتلازمة في هذه المرحلة الزمنية على وجه الدقة وإن ظهرت بعد ذلك في المرحلة التي تلتها، إذ إن التنازلات المختلفة التي قدمها البنّا للسلطات مثل دعمه المتردد للمعاهدة الأنجلو-مصرية لعام 1936 التي شرعت الوجود البريطاني في مصر وفي الوقت ذاته لاقت اعتراضاً كبيراً من قِبل الإخوان ذوي النزعة الثورية، لكن البنّا ومن أجل إبقائهم والحفاظ عليهم داخل الجماعة سمح لهم بإنشاء «النظام الخاص» المسؤول بعد ذلك عن أعمال العنف السياسي المختلفة[85].

بعد وفاة البنّا ومع زيادة نفوذ «النظام الخاص» نجح أعضاؤه في إحباط محاولة المرشد العام حسن الهضيبي حله، حيث كتن يتعارض وجود هذا «النظام» مع رغبات الهضيبي الإصلاحية في ذلك الوقت، إلى أن واجه نظام عبد الناصر الجماعة بأكملها بما فيها «النظام الخاص»، في حملة قمع واسعة النطاق تم فيها سجن ونفي العديد من كبار قادة الإخوان[86].

وبعد وفاة حسن الهضيبي عام 1973 خلفه عمر التلمساني، الذي واصل سياسة الأسلمة اللاعنفية والتدريجية للمجتمع، وتوازياً مع ظهور عدد من الجماعات الإسلامية

---

84. Ibid

85. Ibid

86. Eric Trager and Marina Shalabi, “The Brotherhood Breaks Down“, The Washington Institute for Near East Policy, 17 january, 2016, url: https://rb.gy/sgrvmj

في الجامعات المصرية في السبعينيات ونزوح بعضهم نحو الجهادية من خلال التأثر بأدبيات سيد قطب في حين ذهب آخرون نحو الانضواء تحت مظلة الإخوان المسلمين وهو الجيل الذي ظهر منه قادة الجناح الإصلاحي للإخوان المسلمين بعد ذلك[87].

وخلال الثمانينيات، كانت هناك محاولة من جانب الإصلاحيين للضغط على القيادة المحافظة حيال المشاركة السياسية، وبالفعل رضخ المرشد العام، آنذاك، «عمر التلمساني» أمام مطالبات الإصلاحيين وشاركت الجماعة في الانتخابات البرلمانية وتحالفت مع الأحزاب غير الإسلامية على غير عادتها خلال الفترة الممتدة ما بين الأعوام (1984 - 1987). ولكن سرعان ما عاد المحافظون إلى طبيعتهم المقاومة للإصلاحيين مع الحملات الأمنية التي قادتها الدولة ضد الجماعة في أوائل التسعينيات وعززت من تشكيلها المحافظ[88].

ظهرت جماعة الإخوان المسلمين في الثمانينيات على أنها أقوى حركة معارضة في مصر، وبدأ نقاش داخلي أظهر جدلية الصراع مرةً أخرى بين المحافظين في الجماعة وخصومهم الفكريين من الإصلاحيين وذلك حول إنشاء حزب سياسي، وهو النقاش الذي استمر حتى سقوط الرئيس حسني مبارك عام 2011. ففي حين دعا الجناح الإصلاحي إلى تأسيس حزب سياسي ارتأى الجناح المحافظ التركيز على الدعوة والأنشطة التبشيرية[89].

وبالفعل تم تشكيل حزب الوسط في عام 1996 بمشاركة بعض أعضاء الجناح الإصلاحي وغير المنتمين إلى جماعة الإخوان المسلمين، الأمر الذي أثار عاصفة كبيرة

87. Ibid

88. Ibid

89. Rickard Lagervall, Muhammad Afzal Upal and Carole M. Cusack (Editors), Handbook of Islamic Sects and Movements, (Leiden: Brill, 2021).

تجاهـه مـن قِبـل قيـادة الإخـوان والتيـار المحافـظ المحكـم سـيطرته عـلى الجماعـة، فضـلاً عـن النظـام السـياسي، آنـذاك، وعـلى إثـره تـم اسـتبعاد كل مـن تمسـك بالدعـوة إلى الحـزب الجديـد والبقـاء داخلـه، وفي عـام 2007، قدمـت قيـادة الإخـوان والجنـاح الإصلاحـي برنامجـين حزبيـين، دون أن يؤسسـا أي حـزب، وطالـب كلا البرنامجـين بإصلاحـات ديمقراطيـة، لكـن نسـخة القيـادة اقترحـت مجلـس خـبراء دينـي يتمتـع بحـق النقـض (الفيتـو) عـلى التشريـع وشرطـاً يقـضي بـأن يكـون رئيـس الدولـة ذكـراً ومسـلماً[90].

ولا يمكـن إغفـال دور الإصلاحيـين في هـذا السـياق ودورهـم في قيادة الإخوان نحو الفوز بالسـلطة داخـل النقابـات المهنيـة في مـصر خـلال التسـعينيات، ومشـاركة شـباب الإخـوان الإصلاحيـين في عـدد مـن الائتلافـات السياسـية المعارضـة التـي ضمـت قـوى غـير إسـلامية، وأهـم شيء قدمـه التيـار الإصلاحـي للجماعـة هـو تقديمهـا للمجتمـع الـدولي بمظهـر مغايـر عـما كان في تصورهـم تجاههـا بعـد تغذيتهـم لروايـة «الإخـوان المعتدلـون» داخـل الأوسـاط الأكاديميـة والسياسـية الغربيـة. ومـع ذلـك، كان الإصلاحيـون دائمـاً يمثلـون أقليـة صغـيرة داخـل قيـادة الإخـوان[91].

في خريـف عـام 2009 اسـتقال المرشـد العـام محمـد عاكـف وكانـت المـرةَ الأولى التـي يُقـدم أحـد قـادة الإخـوان في هـذا المنصـب عـلى الاسـتقالة، وفي ينايـر 2010 تـم انتخاب محمـد بديـع مرشـدا عامـا جديـدا للجماعـة كأحـد الوجـوه المحافظـة داخلهـا، وبهـذه النتيجـة عـزز المحافظـون سـيطرتهم عـلى الجماعـة، وكان أول تصريحـات الجماعـة التـي أعلنتهـا في ذلـك الوقـت هـو التأكيـد عـلى عـدم نيتهـا تشـكيل حـزب سـياسي[92].

90. Ibid

91. Eric Trager, op.cit.

92. Rickard Lagervall, Muhammad Afzal Upal and Carole M. Cusack (Editors), Op.cit.

ومع أحداث 25 يناير التي أنهت حكم الرئيس المصري حسني مبارك، تجددت المعركة بين الإصلاحيين والمحافظين وتنازعتهم رؤيتان أولاهما جعل السلطة هدفاً طويل الأجل وعدم التعاون السياسي مع غير الإسلاميين من القوى السياسية الأخرى خشية أن يؤدي ذلك إلى إجبار الجماعة على التنازل عن مبادئها الإسلامية وعزز هذه الرؤية التيار القطبي المحافظ، وثانيتهما كانت على النقيض منها ويمثلها التيار الإصلاحي في الجماعة، وأسهم ذلك في انعزالية المحافظين واتساع الشقاق بينهم وبين التيار الإصلاحي داخل الجماعة فضلاً عن القوى السياسية الأخرى[93].

بيد أن ذلك لم يلقَ قبولاً واستجابةً لدى القواعد الشبابية داخل الجماعة والتي ظهرت مع رفضهم أوامر مكتب الإرشاد بضرورة دعم الإخوان لحزب الحرية والعدالة التنظيم الناشئ في مارس 2011 وما لبثوا أن تم إبعادهم بعد ذلك عن التنظيم عقاباً لهم[94].

ومع بدايات الاحتجاجات التي شهدتها البلاد ضد مرسي والتي كانت ذروتها إطاحته في الثالث من يوليو 2013 برز التيار المحافظ بقوة ويمكن القول بتلاشي التيار المناوئ «الإصلاحي» والدخول في مرحلة جديدة انعدمت معها هذه الثنائية، بعد أن اصطف الجميع خلف مرسي وظهرت تقسيمات جديدة تخالف ما كانت عليه الجماعة في السابق، برزت بشدة في الانتخابات الداخلية التي شهدتها - مع وجود قيادات الإخوان في السجن أو المنفى أو الاختباء - التي أجريت في فبراير 2014 وتم خلالها استبدال 65% من القادة السابقين، وجاء 90% من القادة الجدد من

93. Eric Trager , op.cit.

94. Rickard Lagervall, Muhammad Afzal Upal and Carole M. Cusack (Editors), Op.cit.

جيـل الشـباب الذيـن ذهبـوا إلى دور أكـبر في المواجهـة مـع نظـام الرئيـس عبـد الفتـاح السـيسي[95].

وكان لهـؤلاء الشـباب دور في محاولـة الدفـع بالجماعـة نحـو عسـكرتها وفي بيـان أصدروه في ينايـر 2015 عـلى مواقـع التواصـل الاجتماعـي، دعـوا خلالـه إلى مزيـد مـن الهجـمات عـلى قـوات الأمـن والبنيـة التحتيـة. وبهـذه الطريقـة تـم تهميـش قيـادات الجنـاح المحافـظ «القطبـي» داخـل الجماعـة مثـل الأمـين العـام للإخـوان منـذ فـترة طويلـة محمـود حسـين، الـذي أدار التنظيـم مـن الخـارج عقـب إطاحـة مـرسي[96].

في حـين حـذر الجنـاح المحافـظ كثـيراً قـادة الشـباب الجـدد مـن تداعيـات هـذا المسـار عـبر تبنّـي اسـتراتيجية العنـف وجعـل توجهاتهـم راديكاليـة إزاء الدولـة المصريـة، مـا يكسـب النظـام السـياسي شرعيـةً في مواجهـة الجماعـة، وهـو مـالم ينصـت إليـه الشـباب الذيـن كان يتزعمهـم القيـادي الإخـواني محمـد كـمال وهـو مـا سـنتناوله بالتفصيـل لاحقـاً[97].

لقـد أثبتـت تجربـة الإخـوان ومـن خـلال تتبـع تاريخهـم وسرديـة الـصراع والتجـاذب بـين جناحـي المحافظـين والإصلاحيـين أنهـا لم تكـن حقيقيـةً لدرجـة كبـيرة، بـل يمكـن القـول إن المشـتركات بينهـما كانـت كبـيرة وعميقـة، وأن ثمـة اختلافـاً بسـيطاً بينهـما، ففـي الوقـت الـذي يوصـف بـه المرشـد السـابق مهـدي عاكـف بأنـه كان أكـثر تعاطفـاً مـع الإصلاحيـين، كان محمـود عـزت المعـروف بقطبيتـه «وهـو صهـر عاكـف». كـما كان

95. Eric Trager, op.cit.

96. ibid.

97. ibid.

ينسب إلى القيادي الراحل «عصام العريان» انتماؤه إلى الجناح الإصلاحي ومعارضته للآخرَين المحافظ والقطبي، إلا أن صعوده في الجماعة كان يتم في ظل هيمنة كاملة للمحافظين رغم انتمائه للمعسكر المضاد[98].

ما يعني أن الفروق غير واضحة بين المحافظين و «الإصلاحيين» وأن الأخيرين سعوا نحو المشاركة السياسية والانفتاح على التعامل مع غير الإسلاميين لتوسيع جاذبيتهم. فيما كان يقابله رفض وخشية من المحافظين، لكنهما يختلفان في التكتيكات فقط ويتفقان مع بعضهما في الكثير من الموضوعات، فكلا الاتجاهين في نهاية المطاف يؤيدان الرؤية الأيديولوجية نفسها عبر تبنّي المشروع الإسلامي أو أسلمة المجتمع للوصول إلى شكل الدولة الإسلامية في تصورهم «دولة إسلامية عالمية»، على حد تعبير خيرت الشاطر[99].

ومع ذلك، فكلما أجبرت الظروف جماعة الإخوان على التعبير عن مواقف محددة، فإن الإخوان عادة ما يتبنّون خطاباً متشدداً في نهاية المطاف، على حساب تبنّي نهج إصلاحي، وبقدر ما أدى هذا الاتجاه «المحافظ» إلى تحفيز الانشقاق داخل صفوف جماعة الإخوان المسلمين لفترة طويلة، فإنه الآن يثير غضب مجتمع أوسع يتمرد بشكل متزايد على هذا النمط الأيديولوجي وأسلوب الحكم بهذه الكيفية[100].

---

98. Marc Lynch, op.cit.

99. Charles Hirschkind," New Media and Political Dissent in Egypt Medios nuevos de comunicación y disidencia política en Egipto "Revista de Dialectolognia y Tradicions Populares, (Berkeley: University of California, n.1 2010) pp. 139-147.

100. Marc Lynch, op.cit.

2. ظاهرتا «المدونون الشباب» و«الكتائب الإلكترونية»

مع دخول مصر عصر التكنولوجيا والإنترنت في أواخر التسعينيات من القرن الماضي، نشط الكثير من المظاهر التقنية والتكنولوجية المعبرة عن هذا التحول[101]. ابتداءً بالمدونات وما مثلته من ثورة كبرى في تكنولوجيا المعلومات إذ كانت بمنزلة متنفس للكثير من النشطاء والسياسيين للتعبير عن آرائهم وإيصالها لأكبر شريحة ممكنة وعلى أكثر من مستوى، وبرزت المدونات الشخصية كواحدة من أدوات التعبير، فكانت منابرَ عامة أسست لنشوء الصحف والمواقع الإلكترونية[102].

وهيمنت النخب الليبرالية والعلمانية على المدونات في مصر، إذ كانت إحدى المنصات المهمة للتعبير عن الآراء والأطروحات السياسية لحركة كفاية في فترة التسعينيات، لتنشط أسماء شبابية في هذا الفضاء الجديد، مثل «وائل عباس»(misrdigital.com) وعلاء عبد الفتاح (manalaa.net) وعمرو غربية (gharbeia.net) إذ تحولت مدوناتهم لمنصات للنقاش على أكثر من صعيد، وامتدت لتشمل المشاركة في التغيير السياسي، من خلال تنسيق الأنشطة الاحتجاجية والتواصل بعضهم مع بعض[103].

وفي الفترة ما بين الأعوام (2004-2009) ومع تظاهرات كفاية وفاعلياتها في الشوارع والميادين برزت أصوات شبابية إخوانية كان من بينها إبراهيم الهضيبي، الذي كان

101. وائل نبيل، «مبارك.. قاد عبور مصر لعصر التكنولوجيا والإنترنت والمحمول»، أخبار اليوم، 25 فبراير 2020، https://bit.ly/3sLNU1Z

102. فيديل سبيتي، «المدونات العربية تتراجع أمام سطوة وسائل التواصل»، Independent عربية، 29 سبتمبر 2020، https://rb.gy/1wzwek

103. Joseph Mayton," Young Egyptian Bloggers Seek a More Democratic Muslim Brotherhood", Washington Report on Middle East Affairs, November 2009, url: https://rb.gy/itofsn

واحداً من الأصوات المهمة في أوساط الجيل الجديد من الإخوان المسلمين وقتذاك، وكانت مدونته سبباً في بروزه كمدونٍ وسماع صوته وآرائه الأكثر جرأةً التي لم تألفها الجماعة قبل ذلك ومن بينها نقضه لشعار «الإسلام هو الحل»[104].

وهو ما يفسر إحجام الإخوان عن التفاعل مع ظاهرة المدونات منذ بدايتها خشية تداعياتها على الجماعة، خاصة أن فكرة المدونات تصطدم بشكل كبير مع آليات التربية السياسية وتصوراتها التنظيمية داخل الجماعة، فالمدونات قائمة بالأساس على الانفتاح والاستقلالية ومنها انطلقت جدلية تصارعية تقوم على التمايز والمفاصلة بين الأخ والمدون في شكل تناص بينها وبين الكفر والإيمان ولا تختلف عنها كثيراً[105].

وكان من بين المدونين الإخوان الذين مثلت تدويناتهم رؤية جديدة اصطدمت مع الرؤى الكلاسيكية للجماعة والتي تعكس بقدر كبير حجية الصراع الجيلي داخل الجماعة، الصحفي عبد المنعم محمود ومدونته «أنا إخوان»، بعد أن وثق علاقته بكثير من نظرائه من نشطاء الشباب غير الإسلامي، ظهر الجدل حولها حينما عبر عن تضامنه مع «عبدالكريم سليمان» الذي سجن على خلفية تدوينات اعتبرت مسيئة للإسلام. وعندما سجن محمود إثر أنشطته التدوينية تضامن معه رفقاؤه من اليساريين والليبراليين في مشهد لم تألفه العلاقات بين الإسلاميين وخصومهم في تلك الفترة اللهم إلا القليل والنادر[106].

104. Marc Lynch, op.cit.

105. Daily News, "In Focus: Brotherhood Bloggers: Are they influential?", 21 October, 2008, url: https://rb.gy/ehpsjj

106. Marc Lynch, op .cit.

وعندما تم القبض على عدد كبير من طلاب الإخوان الأزاهرة عام 2006 عقب عرض عسكري داخل الجامعة، أطلقت مجموعة من طلاب الإخوان المسلمين موقع Yalla Talaba (تعالوا، طلاب)، للدفاع عن طلاب الأزهر الموقوفين، ومع نجاح مدونتهم وانتشارها استخدمت كمنصة لتناول مشكلات طلاب الجامعة كلهم، ثم انتشرت مدونات إخوانية أخرى مثل «يلا مش مهم» للإخواني مجدي سعد وكانت إحدى أكثر مدونات جماعة الإخوان قراءةً على نطاق واسع[107].

وظهر سعد مرة أخرى كمدون إخواني ولكن ضد الجماعة نفسها المنتمي إليها، بعد أن انتقل التدوين من الخارج إلى الداخل وطالت سهامه النقدية قادة الجماعة وبدا وكأنه كشف حساب، وبعد أزمة الأزهر نفسها هاجم سعد قادة الإخوان لعدم تحركهم للدفاع عن طلاب الأزهر من الإخوان. متسائلاً: «أين كنتم عندما قامت قوات الأمن بضرب طلاب الأزهر وركلهم داخل الحرم الجامعي؟ أين كنتم عندما ألغيت الانتخابات الطلابية؟ أين كنتم أيها القادة عندما طلب الطلاب الحماية بعد أن هاجمتهم قوات الأمن»[108].

وفي وقت لاحق نشطت المدونات الإخوانية مرة أخرى عندما تم القبض على عدد من قادة الإخوان في تلك الفترة خاصة من الوجوه الإصلاحية داخل الجماعة مثل الشاطر والعريان، فأطلق المدونون الإخوان حملة للإفراج عنهم عكست حجم التقدم والتطور لجيل المدونين الإخوان في هذا المسار، وبدأ التدوين يحاول استدرار عطف الشريحة المجتمعية المصرية المتدينة وغيرها

107. Ibid.

108. Ibid.

بهدف طرح مظلومية الإخوان مع السلطة الأمنية وتم نشر صور عائلية ومقاطع فيديو منزلية تجذب الكثيرين وتحفز العديد من الناس ضد السلطة السياسية وأدواتها الأمنية، وتحولت المدونة بمرور الوقت إلى منصة إخبارية تحمل أخبار الجماعة وأنشطتها، حيث أصبح موقع Ensaa (ensaa.blogspot.com)، على وجه الخصوص أبرز هذه الآليات[109].

ويمكن القول إن المدونين الإخوان خاصةً من جيل الشباب الذين كانت تقل أعمارهم عن 30 عاماً ومع تطور أدواتهم وآلياتهم سعوا إلى مزيد من الديمقراطية داخل الجماعة، عززتها الثورة التكنولوجية الكبيرة التي زعزعت الكثير من الأفكار التقليدية ونسفت سردياتها خاصةً مبدأ السمع والطاعة وما جبلت عليها أيديولوجية التنظيمات كافة بما فيها جماعة الإخوان المسلمين، وقوبل ذلك برد فعل عنيف من قِبل الجيل الأول «المؤسس».

وقد دفعت ظاهرة التدوين والمدونون داخل الجماعة إلى تعميق الانقسام الجيلي بشكل كبير ففي الوقت الذي سارعت فيه بعض القيادات نحو احتواء بعضهم وتحديداً المنتقدين للقيادة منهم، حسب ما ذهب إليه «إبراهيم الزعفراني» عضو مجلس شورى الإخوان المسلمين في ذلك الوقت بضرورة استيعاب المدونين الشباب واحتوائهم لا المواجهة معهم، وأطلق مدونة لتبادل الأفكار مع مدوني الإخوان [110]، فإن ذلك لم يحل دون مهاجمة القيادات الإخوانية ومكتب الإرشاد لأجيال المدونين على اعتبار أنهم ينشرون الخلافات الداخلية على الملأ، وكان من بين هؤلاء القادة «محمد مرسي» الذي

109. Ibid.

110. Ibid.

كان يشغل وقتها رئيس اللجنة السياسية للإخوان، وهو ما دفعه في صيف عام 2007 لعقد اجتماع في محاولة منه لاحتواء المدونين الشباب[111].

في مقابل ذلك وعلى الرغم من غياب الدعم الحقيقي للمدونين من القيادات الإصلاحية، فإن بعض أعضاء جماعة الإخوان المسلمين طالبوا بالتعامل مع أفكار هؤلاء الشباب بجدية. ويعود فشل القيادات الإصلاحية في دعم مدوني الإخوان في جزء كبير منه إلى ضعف نفوذهم داخل الجماعة بشكل عام. بالإضافة إلى قلقهم من أن تعاطفهم مع مدوني الإخوان قد يشجعهم على التمرد على أعضاء الإخوان الشباب ويزيد من نفوذهم في الجماعة[112].

ومع ذلك، فقد نجح المدونون في هذه الفترة في تحقيق مكاسبَ كبيرة كان من بينها «الجرأة على انتقاد الجماعة وكسر حاجز الخوف والرهبة حيال ذلك، وكسر مفهوم السرية الذي كان حجر الأساس للجماعة منذ إنشائها، كممارسة مبنية على التقية استناداً إلى قول مأثور للمؤسس البنّا: «نتعاون فيما اتفقنا عليه ونعذر بعضنا بعضاً لما اختلفنا عليه». وتحوله رغبةً عنهم وبفعل مطرقة المدونين إلى: «لا تعاون بغير إجماع، ولا اتفاق من دون الاستماع إلى الآراء المعارضة واحترامها». فضلاً عن أن المدونين قد وضعوا الجماعة في مأزق ليس على المستوى الداخلي للجماعة وحسب أو على المشهد المحلي فقط وإنما في المشهد العالمي بعد أن نجح إصلاحيو الجماعة في تقديم الأخيرة لهم على أساس أنها جماعة معتدلة في خضم صعود الإسلام الجهادي،

111. Linda Herrera and Mark Lotfy, " E-Militias of the Muslim Brotherhood: How to Upload Ideology on Facebook", Arabian Peninsula, 5 September 2012, url: https://rb.gy/xnidcg

112. Ibid.

فبـدت حقيقتهـا وأظهـرت مـا كان مخفيـاً قـسراً وعصيـاً عـن الكشـف عنـه وهـو أن الجماعـة لا تقبـل سـوى رأي قادتهـا مـن الجيـل المهيمـن المحافـظ والقطبـي[113].

واللافـت للانتبـاه في ظاهـرة المدونـين هـو ظهـور العنـصر النسـوي داخلـه، مثـل المدونـة الشـابة الإخوانيـة «شـذى عصـام» التـي روت قصـة بداياتهـا مـع الإخـوان ورحلتهـا داخـل الجماعـة كمنحـىً تبشـيري وتعبـوي، ثـم «زهـرة الشـاطر» التـي دشـنت مدونـةً للمطالبـة بإطـلاق سراح والدهـا مـن السـجن، فضـلاً عـن أسـماء العريـان. ومـع منتصف عـام 2007 كان هنـاك مـا يقـدر بنحـو 150 مدونـاً داخـل الجماعـة، كانـوا يشـتركون في التدويـن مـع نظرائهـم مـن النشـطاء المصريـين الآخرين سـواء كانـوا يسـاريين أو قوميين، أكـثر مـما يشـتركون مـع أقرانهـم مـن داخـل الجماعـة[114].

وفي الفـترة التـي سـبقت ثـورة 25 ينايـر ثـم في الأشـهر التـي تلتهـا وظفـت جماعـة الإخـوان «الفيسـبوك» في سـياق طموحاتهـا السياسـية ومنحـت في كل مرحلـة منـه دوراً لـه، بـدءاً مـن الحشـد للاحتجاجـات المطالبـة برحيـل مبـارك مـروراً بالاسـتفتاء عـلى الدسـتور المـصري (مـارس 2011) ومجمـل المحطـات السياسـية الانتخابيـة بعـد ذلك كان «الفيسـبوك» حـاضراً بقـوة في أيـدي الإخـوان، وأصبـح مـن الطبيعـي أن تجـد صفحـات حزبيـة وتنظيميـة وشـبابية وغيرهـا جميعهـا تحـت إمضـاء الجماعة/الحزب/الفصيـل، لاتتـوانى في إصـدار البيانـات الصحفيـة وغيرهـا مـن القـرارات فضـلاً عن الحشـد للجماعة في كل معركـة انتخابيـة وصداميـة عـلى حـد سـواء[115].

113. Ibid.

114. Marc Lynch, op.cit.

115. Ibid.

ومـع أحـداث الثالـث مـن يوليـو 2013 ومـا تلاها نشـط مـا عرف فيـما بعد بـ «الكتائب الإلكترونيـة»، وهـي عبارة عـن مجموعـات منظمـة تقـوم بمهـامَ معينـة أبرزهـا مواجهة السلطة التـي تشـكلت عقب هـذا التاريـخ[116].

ويذكـر إسـلام الكتاتنـي أحـد الوجـوه الشـبابية الإخوانيـة المنشـقة أن فكـرة الكتائـب الإلكترونيـة، تعـود في نشـأتها إلى خـيرت الشـاطر، القيـادي الإخـواني، وقـد كشـفت الأجهـزة الأمنيـة حينـما قامـت بعمليـة دهـم لشركتـه في ذلـك الوقـت بعـد أن اسـتولت عـلى جميـع الأجهـزة والأقـراص فيهـا عـن إعـداد جماعـة الإخـوان المسـلمين لتصـور تخطيطـي يخـدم أغـراض الجماعـة وسـيطرتها عـلى قطاعـات عديـدة مهمـة في الدولـة المصريـة عرفـت بـ»خطـة التمكـين»[117].

فيـما كان أبـرز الأدوار التـي لعبتهـا الكتائـب الإلكترونيـة للإخـوان بعـد إطاحـة مـرسي والتي أبـرزت قضيـة الـصراع الجيـلي بقـوة وتوزيعهـا وانقسـامها إلى ثـلاث جبهـات داعمـة لـكل مـن قيـادة الإخـوان في لنـدن والأخـرى في تركيـا والثالثـة الداعمـة للمواجهـة المسلحة للنظام السـياسي الراهـن. وهـو مـا أشـار إليـه الرئيـس المـصري عبـد الفتـاح السـيسي بقولـه: «إن التحـدي الـذي يواجـه مـصر يتمثـل في حروب الجيـل الرابـع» مشـيراً إلى طبيعة هـذه الأدوار التنفيذيـة للكتائـب الإلكترونيـة للتنظيـمات المتشـددة والراديكالية[118].

ويسـتخلص مـن ذلـك أن ظاهـرة المدونـين «الشـباب» داخـل جماعـة الإخوان المسـلمين، كانت بمثابـة أحـد التمظهـرات الوظيفيـة لقضيـة الـصراع داخـل الجماعـة، عززت مـن دورهـا الطفرة

116. محمـد قنديـل وياسـمين سـامي، «منصـات «السوشـيال ميديـا» تسـاند الجماعـة الإرهابيـة.. وتـروج لأوهـام عـودة الخلافـة»، أخبـار اليـوم، 24 ينايـر 2020، https://bit.ly/3KrBXEV

117. المصدر السابق.

118. المصدر السابق.

التكنولوجيـة المسـتحدثة في نهايـات القـرن المـاضي، مـا يعنـي أنها اسـتخدمت في سـياق الصراع الجيـلي فأخـذت بعـد ذلـك أشـكالاً عـدة، فكانـت نتاجاً لهـا وأحـد مخرجاتها المسـتجدة.

3. تجربة حزب الوسط والانشقاق الحزبي عن الإخوان المسلمين

كانـت تجربـة حـزب الوسـط بمنزلـة انشـقاق حزبي عـن جماعـة الإخـوان المسـلمين وقيادتها، وهـو مـا جعـل الكثـير مـن المراقبـين للحالـة الإسـلاموية في الداخـل المـصري خاصـة مـن قِبـل الأكاديميـين الغربيـين ينظـرون إليـه باعتبـاره تحـولاً مهـماً عـلى مسـتوى الديمقراطيـة والتشـاركية السياسـية مـع الحفـاظ عـلى الهويـة الإسـلامية التـي طرحهـا الحـزب في ديباجتـه[119]. نشـير هنـا إلى تأكيـدات أبـو العـلا مـاضي بـأن التغيـير داخـل جماعـة الإخـوان المسـلمين صعـب بـل ومسـتحيل، وأن الجماعـة ونظـراً إلى عـدم قانونيتهـا وانتهـاج أعضائهـا السريـة أفـرزت الكثـير مـن الأمـراض مـن انقسـامات وصراعـات جيليـة ومـا شـابه[120].

ثـم جـاءت ثـورة الــ 25 مـن ينايـر 2011 ليتشـكل أول حـزب سـياسي يضم المنشـقين من الإخـوان المسـلمين، بعـد خمسـة عـشر عامـاً مـن المطالبـة بـه، ويكـون أبـو العـلا مـاضي وعصـام سـلطان عـلى رأس الحـزب وأعـلى قيادتـين فيـه[121].

بيـد أن الدعـم الـذي أبـداه قـادة الحـزب للدسـتور الـذي وضعـه الإخـوان عقـب أحـداث 25 ينايـر 2011 عبّـر عـن حالـة اصطفـاف إسـلامي - إسـلامي في مواجهـة الأحـزاب السياسـية

119. Nicholas Gjorvad, "The Future of Al-Wasat Party", Daily News, January 16, 2013, url: https://rb.gy/ngmlxo

120. حـوار مـع أبـو العـلا مـاضي، العضـو المؤسـس في حـزب الوسـط المـصري، مؤسسـة كارنيغـي للسـلام الـدولي، 28 آب/أغسـطس 2008، https://rb.gy/slchqh

121. مصطفـى سـليمان، «حكمـة مصريـة توافـق عـلى حـزب «الوسـط الإسـلامي الجديـد» بعـد 15 عامـاً مـن تأسيسـه يجمـع إسـلاميين منشـقين عـن «الإخـوان»، العربيـة، 19 فبرايـر 2011، https://rb.gy/63sakp

الأخـرى ومشـاريعها في الداخـل، لكـن رؤيـة أخـرى تفيـد بـأن المشـهد السـياسي الحـزبي برمتـه كان قـد حمـل إرثـاً كبـيراً مـن عـدم الثقـة المتبادلة دفعـت الجميـع إلى الاضطراب الحـادث مع كل موقـف سـياسي ومحطـة يتصـارع نحوهـا الجميـع بمـن فيهـم الإخـوان وحـزب الوسـط[122].

وفي محاولـة لتفسـير موقـف حـزب الوسـط مـن تحالفاتـه مـع الإخـوان، يمكـن القـول إن الجماعـة كانـت أكـثر قـوةً وعـدداً وتنظيـماً ودعـماً، ولم يكـن حـزب الوسـط يملـك المقومـات ذاتهـا فآثـر التحالـف معهـا في دعـم الدسـتور الـذي أقـره الإخـوان رغبـة في البقـاء والاسـتمرارية حتـى يمتلـك القـوة التـي تؤهلـه لأن يقـف منفـرداً، مـا يعنـي أنهـا بمنزلـة صفقـة سياسـية ليـس إلا، والوسـيلة المثـلى للحصـول عـلى مناصـب تشريعيـة مهمـة لأعضـاء الحـزب[123]. وقـد دفـع الحـزب مقابـل ذلـك ثمنـاً باهظـاً عقـب أحـداث الثالـث مـن يوليـو 2013 بعـد أن ألقـت الشرطـة القبـض عـلى أبـو العـلا مـاضي رئيـس حـزب الوسـط ونائبـه عصـام سـلطان بتهـم تتعلـق بالتحريـض عـلى العنـف وإهانـة القضـاء حسـب مـا أوردت الجهـات الأمنيـة المصريـة والقانونيـة[124].

4. أفراد الإخوان المنشقون من 25 يناير 2011 إلى ما بعد 3 يوليو 2013

أشرنـا في صـدر الدراسـة إلى دور الإخـوان في أحـداث 25 ينايـر وموقفهـم المرتبـك والمـتردد إزاء المشـاركة في الانضـمام إليهـا في بدايتهـا رغـم دعـوات بعـض القـوى السياسـية لهـم بالمشـاركة، فـلا شـك أنهـم لم يقودوهـا لكنهـم نجحـوا بعـد إطاحـة الرئيـس مبـارك في أن يضعـوا أنفسـهم كأحـد المسـتفيدين الأساسـيين مـن الأحـداث بعد ذلـك[125].

---

122. Nicholas Gjorvad, op.cit.

123. Ibid.

124. عمـرو حمـزاوي، «عـن الحـراك المجتمعـي الجديـد في مـصر – مقاومـة السـلطوية بعيـداً عـن السياسـة الرسـمية»، مركـز مالكـوم كـير – كارنيغـي للسـلام الـدولي، 5 إبريـل 2017، https://rb.gy/u3gxed

125. Jeffrey Martini, Jeffrey Martini, op.cit.

ولعل المشاركة الفعلية مع بقية القوى السياسية كانت سبباً رئيسياً في تعميق الصراع واتساع الهوة بين الشباب والجيل المؤسس، وكان لتهميشهم والرغبة في إقصائهم عن القيام بأدوار فاعلة على المستويات السياسية والمجتمعية كافة عقب 25 يناير 2011 سبباً في الهجرة الطوعية خارج الجماعة[126].

ومع متوالية الأحداث عقب 25 يناير 2011 خرج العديد من الإخوان المنتمين إلى أجيال عمرية مختلفة، فلم يكن الأمر مقصوراً على جيل الشباب وحسب إنما امتد ليشمل الجيل المؤسس أيضاً، فكان بمنزلة هزة عنيفة طالت البنى الأساسية والتنظيمية لهليكلية الجماعة، وكان على رأس هؤلاء كمال الهلباوي وعبدالمنعم أبو الفتوح[127]. الذي وصفته الجماعة بالشيطان نظراً لعصيانه أوامرها وخروجه منها، إذ كانت هجرة أحد من أفراد الجماعة بمنزلة الخروج من رحمة الله في تصورهم الأصولي والفكري، وقد حمت هذه الأيديولوجية الحاكمة للعقل التنظيمي الجماعة طوال تاريخها وأمنتها من التصدع الكبير ومن ثم الانشقاق على النحو الذي بدت عليه عقب 25 يناير خاصةً أن خروج أبو الفتوح مثل ضربةً كبرى للجماعة وزادت وطأتها حينما قدم أوراق ترشحه للانتخابات الرئاسية بعد ذلك[128].

وشكلت أحداث ما بعد عام 2011 وما رافقها من تصاعد للانشقاقات ومزيد من التصدعات داخل جماعة الإخوان المسلمين وعدم اقتصارها على جيل بعينه، أخذت هذه الظاهرة بُعداً جديداً على المستوى الإعلامي من خلال استخدامهم لمواقع التواصل الاجتماعي والمقابلات الإعلامية المختلفة والمتنوعة كمنصة لسرد

126. Ibid.

127. Mustafa Menshawy, op.cit.

128. Ibid.

رواية تجاربهم وملاحظاتهم ونقدهم للجماعة كما حدث مع القيادي التاريخي في الجماعة كمال الهلباوي الذي شهد انشقاقه هزة كبيرة في الجماعة نظراً لدوره المهم في الغرب كأحد ممثلي الإخوان والتنظيم الدولي في أوروبا[129].

ومن بين الوجوه التي برزت روايتها حول انشقاقها وتجربتها داخل الجماعة، طارق أبو السعد القيادي السابق[130]. ثم القيادي الشاب إسلام لطفي الذي أعلن انشقاقه بعد عضوية استمرت لأكثر من عقدين من الزمان[131]. وانشقاق إبراهيم الهضيبي الذي ينحدر من عائلة إخوانية كبيرة، وأحمد النزيلي أحد أبناء أهم القيادات الإخوانية، والطبيب السابق والصحفي الحالي «محمد أبو الغيط» وأحمد بان[132].

ثم تأتي استقالة الدكتور محمد حبيب النائب السابق للمرشد العام للإخوان بعد ستة عقود عايشها داخل الجماعة لتعبر عن تحولات في أفكاره أو ما أطلق عليه بالإسلام الحضاري، ولحقه إبراهيم الزعفراني أيضاً الذي انشق عن الجماعة ليؤسس حزب النهضة في مارس 2011 [133].

واللافت للنظر في هذا السياق أن الانشقاقات في مجملها تمركزت في المدن الحضرية والعاصمة بشكل خاص، وفي الوقت ذاته كانت نادرةً خارج القاهرة والإسكندرية وهو أمر أكده الإخوان أنفسهم ما يفسر لنا بشكل كبير اعتماد الإخوان على

129. Jeffrey Martini, op.cit.

130. Mustafa Menshawy, op.cit, p. 7.

131. Ibid.

132. Ibid. pp. 10 - 13

133. Andrew Black, Egypt's Muslim Brotherhood: Internal Divisions and External Challenges in the Post-Mubarak Era", Terrorism Monitor (Volume: 9 Issue: 29, July 22, 2011). p. 9.

العامـل الريفـي في تشـكيل الجماعـة[134]. أو مـا أطلـق عليـه الباحـث الراحـل حسـام تمـام بتريـيـف الإخـوان ومظاهـره التـي أخـذت طريقهـا داخـل الإخـوان فأضحـت بمنزلـة متغير طـارئ وتحـول مهـم في تتبـع تاريخيـة الجماعـة، وفي ذلـك يقـول تمـام: «شـهدت الجماعة في السـنوات الأخيرة-السـنوات التـي سـبقت إطاحـة مبـارك- سـيادة ثقافـة ريفيـة تخالف مـا نشـأت عليـه، ثقافـةً تتوسـل بالقيـم الأبويـة، حيـث الطاعـة المطلقـة والإذعـان للمسـؤول التنظيمـي، وانتشـار ثقافـة الثـواب والعقـاب والتخويـف حتـى في العلاقـات التنظيميـة، وسـيطرة الخـوف مـن المختلـف أو المتميـز مـع الميـل للركـون إلى التماثـل والتشـابه بـين أعضـاء الجماعـة التـي صـارت تميـل يومـاً بعـد يـوم إلى التنميـط»[135].

ثالثاً: تأثير الصراعات الجيلية على مستقبل جماعة الإخوان المسلمين

أفـرزت الصراعـات الجيليـة مجموعـة مـن الظواهـر التي سـبق الحديث عنهـا بالتفصيل. وتعكـس هـذه الظواهـر تأثـير هـذه الصراعـات عـلى الجماعـة مـن حيـث كونهـا تمثـل مـؤشرات واضحـة عـلى أن الجماعـة باتـت تعـاني مـن وجـود وجهـات نظـر مختلفـة عديـدة يمثـل الـصراع بينهـا العلاقـة الرئيسـية التـي تربـط بينهـا.

يضـاف إلى هـذه الظواهـر مجموعـة أخـرى مـن المعضـلات التـي تشـير هـي الأخـرى إلى أن ظهـرة الـصراع داخـل الجماعـة سـتظل مسـتمرة عـلى الأقـل عـلى المديـن القريـب والمتوسـط، لا سـيما أن الجماعـة سـتجد سـعوبة كبـيرة في التخلـص مـن هـذه المعضـلات بالنظـر إلى أنهـا تعكـس خلافـات جوهريـة ورئيسـية. ويمكـن الحديـث عـن هـذه المعضـلات عـلى النحـو التـالي:-

---

134. Jeffrey Martini, op.cit.

135. حسام تمام، «لماذا لا تنشق جماعة الإخوان المسلمين»، مصدر سابق.

1. معضلة الشباب

عندما انطلق حسن البنّا في تأسيس جماعته عام 1928 كان يبلغ من العمر اثنين وعشرين عاماً وانعكس ذلك في سياساته التعبوية والتجنيدية وقيامه بالتركيز على البُعد الجيلي الشبابي ليكونوا نواةَ التنظيم وحَمَلَةَ فكره[136].

وبعد مرور أكثر من تسعة عقود على تأسيسها لم تعد جماعة الإخوان المسلمين مجرد منظمة ترتكز على الشباب، بل أصبحت حركةً تمتد عبر أجيال عدة. وأدى ذلك إلى ظهور مجموعة من المعضلات الجديدة لقيادة الإخوان والجماعة كلها. منها «معضلة الشباب»، بسبب الافتقار إلى قنوات الحوار الداخلية، والعجز عن استيعاب الأفكار الجديدة وخنق الإصلاح التنظيمي الهادف، الأمر الذي دفع الشباب إلى الرحيل إما بالانشقاق وإما بالانقلاب على التنظيم والجنوح نحو العنف[137].

وفي الوقت ذاته عملت القيادة الشائخة بأدواتها القديمة على توظيف الشباب لمصلحتهم دون الإنصات لمشكلاتهم داخل الجماعة، إذ شاركوا بقوة وحماسة في الانتخابات الوطنية لعام 2005 التي منحت الإخوان 20% من المقاعد البرلمانية. وبجوار ذلك انتظم الشباب لتحدي هيمنة مرشحي الحزب الوطني الديمقراطي في الانتخابات المحلية، ونجحوا في تنظيم حملات المرشحين ومراقبة فرز الأصوات ولعبوا دوراً مهماً في تلك الفترة، ولم يحصدوا من مغنم التنظيم شيئاً يذكر[138].

136. Khalil Al-Anani, op.cit.

137. Ibid.

138. Ibid.

لقد عانى شباب الإخوان الافتقار إلى حقوقهم داخل التنظيم وتولد لديهم شعوراً بالاستياء[139].

ولهذا، انضم عدد منهم إلى تيار أبو الفتوح بسبب الخلافات التي شهدتها تجربة حزب الحرية والعدالة الذراع السياسية للإخوان عقب أحداث 25 من يناير 2011 [140] فللوهلة الأولى بدا وكأنهم عازمون على إثبات أنفسهم وأجنداتهم خارج نطاق الإخوان المسلمين للبرهنة على نجاحاتهم[141] خاصةً أنهم اختاروا أبو الفتوح باعتباره حالة تمرد ودعموه في الانتخابات الرئاسية عام 2012 [142].

واعتبر هؤلاء الشباب أن حزب «مصر القوية» التابع لأبوالفتوح يعد النسخة الأكثر حداثة بما كانوا يرون فيه من تمازج بين الوطنية المصرية والاحتفاظ بالهوية الإسلامية، خلافاً لتجربتهم السابقة في الإخوان التي افتقرت إلى تصور واضح حيال القضايا المختلف عليها داخلياً ومن بينها التعارض بين الهويتين الوطنية والإسلامية[143].

وكان من الطبيعي في سياق هذه التحولات وثورة الشباب أن نجد أحزاباً تتكون من الشباب والأعضاء السابقين في الجماعة مثل حزب الريادة والتيار المصري وغيرهما

139. Dina Abdul Rahman Hosni, "Islamism and Democracy: The Dilemma of the Egyptian Muslim Brotherhood Youth", Journal of Islamic Thought and Civilization (Lahore: JITC, volume 8, issue 2, fall 2018. P.23.

140. Marie Vannetzel," Égypte. Que sont les Frères musulmans devenus?", Association Orient XXI, 14 sepbtember 2017, url: https://rb.gy/d7gjcq

141. Andrew Black, op.cit.

142. Le Monde Diplomatique, "Egypt's Muslim brotherhood divides: Alaa al-Din Arafat", url: https://rb.gy/ebvfsi

143. Dina Abdul Rahman Hosni, op.cit, p. 23.

تضـم كلاً مـن «إسـلام لطفـي» و«محمـد القصـاص» و«محمد عبـاس» وإخـوان يدمجون الرؤيتـين الليبراليـة والإسـلامية في تجاربهـم الجديدة[144].

لكـن مـن اختـار البقـاء والتعاضـد مـع التنظيـم والجماعـة والحشـد خلـف مـرسي تضاءلـت ثقتهـم التـي وضعوهـا في القيـادة مـع سـقوطه، وكان رد فعلهـم يعـبر عـن هـذا بشـكل كبـير مـن خـلال تنديدهـم بـرؤى التنظيـم كلـه نظـراً إلى اسـتراتيجياتهم الخاطئـة في إدارة المشـهد السـياسي وعـدم قدرتهـم عـلى تبنّـي مواقـف تخرجهـم جميعاً مـن تداعيـات هـذا الفشـل فتصاعـدت احتجاجاتهـم حيـال القيـادة وطالـت ألسـنتهم النقديـة الحـادة أسـماءهم ورموزهـم ممـن كانـوا يحظـون بقداسـة لفـترة طويلـة مـن الوقـت، محملينهـم سـوء مـا وصلـت إليـه أوضاعهـم والتنظيـم[145].

ووصلـت فجـوة الأجيـال داخـل الإخـوان إلى ذروتهـا في عـام 2017 مـع عدم وجـود بلورة لرؤيـة واضحـة تقـود الجماعـة لحلحلـة الأزمـة، وزادت إثرهـا الاضطرابـات الداخلية وتم عـزل الكثـير مـن الشـباب، وبالفعل تـرك الأفـراد ذوو الميـول الراديكالية الجماعة وشـكلوا مجموعـات مختلفـة ومتضاربـة[146]. أرجعهـا بعضهـم إلى القيـود السياسـية الإقليميـة وتصاعد النـزاع بـين المجموعـات المصريـة الإخوانيـة المقيمـة في الخـارج، لتتـلاشى معـه مركزيـة القـرار المـصري وأصبحـت ترتهـن إلى الخـارج بعـد أن كانـت الفـروع الأخـرى طـوال العقـود الماضيـة تتبـع المركـز في الداخـل المـصري[147].

---

144. Andrew Black, op.cit.

145. Le Monde Diplomatique, op.cit.

146. Osman Aydemir, op.cit.

147. خالـد عـادل،» القيـادي الإخـواني» محمـد كـمال «يعلـن اسـتقالته مـن كافـة التشـكيلات الإداريـة بالجماعـة»، الإسـلاميون، 10 مايـو 2016، https://rb.gy/eboqnw

2. النزوع نحو الراديكالية

يمثل نزوع بعض أعضاء الجماعة إلى الراديكالية مؤشراً حقيقياً على استمرار الصراع داخل الجماعة، خاصة وأن الجماعة دأبت منذ نشأتها على التأكيد على مزاعمهما بكونها جماعة سلمية. ومن هذا المنطلق فإن وجود هذا المنحى يكشف عن تعارض واضح بين وجهتى نظر ، الأولى تخفي أن الجماعة تؤمن بالعنف لكنها لا تريد الإقرار بذلك، والثانية لا تجد حرجاً في الإعلان عن ذلك.

في هذا الإطار، أقدم القيادي الإخواني «محمد كمال» عضو مكتب الإرشاد بجماعة الإخوان المسلمين في أكتوبر 2015، على الاستقالة من التشكيلات الإدارية كافة وأعلن عدم ترشحه لأي موقع تنفيذي بالجماعة مستقبلاً، داعياً قياداتها إلى اتخاذ إجراء مشابه لإفساح المجال لشباب الإخوان وتسليم الراية لهم حسب وصفه، مع إجراء انتخابات شاملة لمؤسسات الجماعة واختيار قيادة جديدة[148].

ولم تكن استقالة محمد كمال كنظائرها على امتداد تاريخ الجماعة خاصةً في السنوات الأخيرة، إذ كان يطمح من خلالها إلى الدفع بالإخوان إلى مسار مختلف تكون نواته شبابها كتجربة مماثلة لما أقدم عليه البنّا في تأسيسه للنظام الخاص. إذ ترأس كمال المكتب الإداري للجماعة واختفى عن الأنظار عقب فض اعتصامي رابعة والنهضة في أغسطس 2013 وشغل منصب رئيس «لجنة إدارة الأزمة» أو «اللجنة الإدارية العليا» لجماعة الإخوان، المخول لها إدارة أعمال الجماعة وشؤونها وذلك إلى فبراير 2014 التي أعلنت جبهة القيادات التاريخية رفضهم لها لاحقاً[149].

---

148. المصدر السابق.

149. المصدر السابق.

أراد محمد كمال، الذي تولى مسؤولية المكاتب الإدارية للإخوان بعد سجن قادتهاتوجيه الجماعة نحو مسارات أكثر عنفاً، وهو ما جعله يصطدم بجبهة محمود عزت الساعية للاستحواذ على التنظيم وتعزيز دوره في انقياد أعضائها له ففي الوقت الذي كان يرى فيه عزت ضرورة الرجوع خطوةً إلى الوراء من خلال تبنّي استراتيجية مغايرة في مواجهة الدولة، رأى كمال أنه لا مناص من المواجهة، ما دفعه إلى إعادة مأسسة العنف وتنشيط عمل النظام الخاص مرةً أخرى داخل الجماعة.[150]

ومع بروز انقسام عام 2016 بين أطراف الجماعة وأجيالها المختلفة في عدد من مكاتبها في مصر وخارجها حول كيفية إدارة اللجنة الإدارية العليا لشؤون الجماعة، أعلن كمال رفضه لقرارات محمود عزت وما أقدم عليه من تجميد عمل أعضاء باللجنة الإدارية التي كان يرأسها كمال نفسه من مناصبهم، وتعيين آخرين بعد تبادل للاتهامات بالإقصاء والتفرد بالقرار وعدم انسجام بيانات معلنة من متحدث الجماعة، آنذاك، مع مواقف الجماعة الثابتة بوجهة نظر فريق عزت، واعتبرها إجراءات منعدمة ومعيبة لتصفية الحسابات واتخذت بطريقة غير شرعية وعلى أسس غير لائحية[151].

وبظهور كمال عاد فريق من الجماعة إلى نهج أسلافه من النظام الخاص منتقداً بشدة آليات الإخوان والقيادات الآخرين في إدارة ملف المواجهة مع الدولة المصرية.

---

150. The Reference, "Rifts hitting hard at Brotherhood as rival camps lock horns", op.cit.

151. بي بي سي نيوز، «من هو محمد كمال القيادي بجماعة الإخوان المسلمين الذي قتلته الشرطة المصرية؟»، 4 أكتوبر 2016، https://rb.gy/qbxlri

ليكونوا أكثر قطبية في طريقتهم في النظر إلى المجتمع[152]. ما دفع بأحد شباب الإخوان مثل أحمد المغير بالتصريح بقوله: «نأسف على ابن لادن لأننا لم نتبع مثلك منذ وقت طويل»[153].

إلى أن جاء إعلان مقتل محمد كمال خلال مواجهات أمنية عقب تبادل لإطلاق النار لتُطوى صفحة الرجل لكنها لم تغلق باب العنف داخل جماعة الإخوان المسلمين، خاصةً بعد أن أصبح الأب الروحي للراديكالية الإخوانية المعاصرة، فيما وصفته السلطة الأمنية بـ «مسؤول الجناح المسلح» للجماعة[154] واللافت للانتباه في هذا السياق أنه وعقب مقتله نشرت الصفحة الرسمية لجماعة الإخوان المسلمين، بياناً نعت خلاله «محمد كمال» ومؤكدين ما سمته بـ «مواصلة الثورة ومحاسبة الجلادين»[155].

3. التنازع حول القيادة

برغم أن جماعة الإخوان المسلمين قد شهدت العديد من الصراعات والانقسامات في مراحل تاريخية سابقة، فإن الأزمة التي نشبت بين جبهتي إبراهيم منير في لندن وجبهة محمود حسين في اسطنبول، تختلف كثيراً عن سابقاتها إذ أن النزاع هذه المرة على قيادة الجماعة وليس على توجهات أو أفكار أو مواقف معينة، الأمر الذي يعكس تطوراً في طبيعة الصراع داخل الجماعة ويشير من ناحية أخرى إلى ان الجماعة مقبلة على صراعات أخرى.

152. Basil El-Dabh , “The Brotherhood ‘deviated’ from original focus, prioritised politics over revolution: Kamal Helbawy”, Daily News, 2 June, 2014, url: https://rb.gy/6y5g2x

153. Ibid.

154. Amina Ismail, op.cit.

155. بالصور.. من هو محمد كمال.. وكيف تمت تصفيته؟، شبكة رصد الإخبارية، 4 أكتوبر 2016، https://rassd.news/194177.htm

وقبل الحديث عن المعركة الدائرة حول قيادة الجماعة بين جبهتي منير وحسين، يمكننا الرجوع قليلاً إلى الوراء لتتبع بعض المحطات المهمة في تراتبية القيادة داخل مكتب الإرشاد وتأرجح فكرة المركز بين الداخل «المصري» والخارج في كل من بريطانيا وتركيا حيث توجد القيادتان الراهنتان المتنافستان والمتصارعتان في آن معاً.

إذ إن الصراع على قيادة جماعة الإخوان المسلمين في مصر ظهر بوضوح وإلى العلن منذ انتخاب القيادة الجديدة في فبراير 2014، ولم تلقَ هذه النتيجة قبولاً عليها من قِبل القيادات السابقة والتاريخية والأعضاء السابقين في مكتب الإرشاد بما يمثلونه من هيئة تنفيذية عليا كانت تضع سياسات الجماعة لوقت طويل ما جعلها تسارع في الصدام معها ومواجهتها، ووصلت إلى السجال العلني والتراشق الحاد في وسائل الإعلام المختلفة والذي كشف النقاب عنه ابتداءً من مايو 2015 [156].

بيد أنه في عام 2016 قادت هذه القيادات التاريخية وأعضاء مكتب الإرشاد بزعامة كل من «محمود عزت»، نائب المرشد العام، ومحمود حسين الأمين العام للجماعة وصاحب النفوذ على مستوى التحويلات المالية والعلاقات الخارجية، والمتحدث الرسمي السابق محمود غزلان، وعضو مكتب الإرشاد عبدالرحمن البر، المعروف بصفة «مفتي الإخوان "ما وصف بـ «انقلاب» على القيادات الجديدة التي تصدرت لإدارة شؤون الجماعة داخل مصر، منذ أحداث

156. جورج فهمي، «الصراع على قيادة جماعة الإخوان المسلمين في مصر»، مصدر سابق.

الثلاثـين مـن يونيـو وفـض رابعـة، وحتـى ذلـك التاريـخ[157]. والتـي كان يتزعمهـا محمـد طـه وهـدان عضـو مكتـب الإرشـاد أحـد أهـم القـادة الحركيـين منـذ عـزل محمـد مـرسي، إلى جانـب زميليـه في الإرشـاد محمـد سـعيد عليـوة ومحمـد كـمال، والأمـين العـام لحـزب الحريـة والعدالـة حسـين إبراهيـم، وعضـو مجلـس شـورى الجماعـة عـلي بطيـخ[158].

ظـل الوضـع قائمـاً بهـذه الصـيرورة إلى أن تـم اعتقـال «محمـود عـزت» في أغسـطس 2020 مـا دفـع نائـب المرشـد العـام «إبراهيـم منـير» والقاطن في لنـدن إلى اتخـاذ قرارات عـدة أحدثـت تغيـيرات هيكليـة وأثـارت جـدلاً كبـيراً حولهـا، هـدف منـير منهـا إلى مـا أطلـق عليـه بوحـدة الصـف الإخـواني، وشـملت القـرارات إلغـاء منصـب «الأمـين العـام للجماعـة» الـذي يتـولاه محمـود حسـين المقيـم في تركيـا باللحظـة الراهنـة، وإنشـاء لجنة إداريـة عليـا تضـم عـدداً مـن رمـوز الجماعـة مـن بينهـم حلمـي الجـزار الذي تنظـر إليه بعـض الفصائـل الإخوانيـة المتراشـقة نظـرة ريبـة وشـك عقـب الإفراج عنـه في عـام 2014 ويترأسـها منـير نفسـه،لكن القـرار الـذي أثـار ضجـةً كبـيرةً في البيـت الإخـواني المتصـدع هـو تنصيـب منـير قائمـاً بأعـمال المرشـد العـام للإخـوان، ليصبـح بذلـك أول مـن يتـولى هـذا المنصـب من خـارج مـصر[159].

تلقفـت جبهـة محمـود حسـين والإخـوان الموجـودون في تركيـا قـرارات منـير بالرفـض الشـديد وأعلـن محمـود حسـين في تصريحـات إعلاميـة بطـلان هـذه القـرارات الصادرة

---

157. وسـام متـى، «صراعـات الإخـوان المسـلمين الجديـدة: المتشـددون يرفضـون الاعتـدال»، رصيـف 22، 71 سـبتمبر 2016، https://rb.gy/qolql6

158. «عن القيادات والفرص الضائعة في الإخوان المسلمين»، العربي الجديد، مصدر سابق.

159. المصدر السابق.

مـن مكتـب لنـدن وليـس ذلـك وحسـب، وإنمـا أقـدم عـلى عـزل منـير مـن منصبـه وقـام باختيـار لجنـة مؤقتـة تقـوم بمهامـه، مشـدداً عـلى أنهـا قـرارات مجلـس الشـورى العـام، ومـا يمثلـه مـن كونـه أعـلى هيئـة في الجماعـة، لكـن منير رفـض قـرارات محمود حسـين، وأعلـن تشـكيل مجلـس شـورى جديـد للـرد عـلى شـورى حسـين وإلغـاء قراراتـه أيضـاً[160].

160. المصدر السابق.

خاتمة

يدفع هذا العرض التفصيلي والتحليلي إلى استخلاص جملة من النقاط المهمة تمخضت عنها الدراسة، ويمكن إجمالها على النحو التالي:

1. إن ظاهرة صراع الأجيال داخل جماعة الإخوان المسلمين صفة لازمتها منذ ظهورها في المحيطين السياسي والمجتمعي وإلى يومنا هذا، والقول باحتمالية أفولها، وانتهائها أو تراجعها قراءة قاصرة، فهي متلازمة ربطت مصيرها بالجماعة منذ نشأتها على يد البنّا عام 1928، ما يشدد على الإقرار بهذه الظاهرة والتسليم بوجودها وحتميتها في آن معاً.

2. كان من أهم التحولات التي نجمت عن صراع الأجيال داخل جماعة الإخوان المسلمين الذي ظهر إلى العلن بقوة مع أحداث 25 يناير 2011 وما تلاها من إطاحة مرسي في الثالث من يوليو 2013 هو انتقال ثقل الجماعة ومركزها للمرة الأولى منذ تأسيسها من القاهرة إلى كل من لندن وإسطنبول، وتحول مصر تبعاً لذلك إلى طرف تابع لهما في خضم الانقسام الحادث في قيادة الجماعة باللحظة الراهنة، ما يعني مزيداً من تهميش الجغرافيا المصرية في ملف جماعة الإخوان المسلمين.

3. لطالما كان ينظر إلى قوة الجماعة في قدرتها على احتواء المتذمرين والساخطين والراغبين في التغيير داخلها، فضلاً عن الراديكاليين. وانطلاقاً من هذا المنظور كان يصعب التكهن باحتمالية انشطار الجماعة وتشرذمها أو بمعنى أدق أن تتأثر بالخارجين والمنشقين والمهاجرين والمرتحلين عنها إلى خارجها، إلا أن أهمية

ما أفضت إليه ظاهرة الصراع الجيلي وذروة ما وصلت إليه الجماعة من صراعات وتراشقات وسجالات، وهي الأقوى في تاريخ الجماعة، ينذر باقتراب أفول جماعة الإخوان المسلمين بحيث وضعت نفسها على بدايات نهاياتها بفعل السياقات التاريخية والسياسية، وفق عمر الأمم، كما ذكر ابن خلدون في مقدمته.

4. القضايا اللافتة في سياق مآلات الصراع الجيلي للجماعة هو نزع الشرعية من لدن كل طرف عن الآخر المتصارع معه، إذ ذهب كل من طرف من المتصارعين -ومن بينهم الشباب المنقسم بين هذه الجبهات- إلى التأكيد على كونه الأحق بقيادة الجماعة ككل، وليس جزءا منها، تحت لافتة جذب الجماعة من حالة التيه التي تعايشها في السنوات الأخيرة، وفي هذا الصدد قدمت جبهة محمود حسين من جهة وجبهة إبراهيم منير من جهة أخرى، نفسها كونها البوصلة الحقيقية والقيادة الراشدة المنقذة للجماعة من أتون الانقسام والتشرذم الحادث، وفي سبيل ذلك تبرز الأقاويل والمسوغات والفتاوى الشرعية والعقدية والأيدلوجية، وهو ما يعمق الصراع ويجذره.

المصادر والمراجع

أولاً: باللغة العربية

- الكتب

1. حسن البنّا، **مذكرات الدعوة والداعية**، ط 1، (الكويت: آفاق للنشر والتوزيع، 2012).

2. جمعة أمين عبدالعزيز، أوراق من تاريخ الإخوان المسلمين، الكتاب الثاني: بدايات التأسيس والتعريف: البناء الداخلي، (القاهرة: دار التوزيع والنشر الإسلامية، 2003).

- المقالات

1. ناثان ج. براون وعمرو حمزاوي، «ماذا يحدث داخل جماعة الإخوان المسلمين المصرية: النقاش حول برنامج الحزب وتداعياته»، أوراق كارنيغي، عدد 89، يناير 2008.

- المنشورات الإلكترونية

1. بي بي سي نيوز، «من هو محمد كمال القيادي بجماعة الإخوان المسلمين الذي قتلته الشرطة المصرية؟»، 4 أكتوبر 2016، https://rb.gy/qbxlri

2. جورج فهمي، «الصراع على قيادة جماعة الإخوان المسلمين في مصر»، مركز مالكوم كير-كارنيغي للشرق الأوسط، 14 يوليو 2015، https://rb.gy/zfgftn

3. حسـام تمـام،» لمـاذا لا تنشـق جماعـة الإخـوان المسـلمين»، مرصـد الظاهـرة الإسـلامية، 2 آذار/مـارس 2010، https://rb.gy/7nt8ve

4. حـوار مـع أبـو العـلا مـاضي، العضـو المؤسـس في حـزب الوسـط المـصري، مؤسسـة كارنيغـي للسـلام الـدولي، 28 آب/أغسـطس 2008، https://rb.gy/slchqh

5. خالـد عـادل، «القيـادي الإخـواني» محمـد كـمال «يعلـن اسـتقالته مـن كافـة التشـكيلات الإداريـة بالجماعـة»، الإسـلاميون، 10 مايـو 2016، https://rb.gy/eboqnw

6. سـيف الاسـلام عيـد، «عـن القيـادات والفـرص الضائعـة في الإخـوان المسـلمين»، العـربي الجديـد، 26 سـبتمبر 2020، https://rb.gy/xvvjnu

7. شـبكة رصـد الإخباريـة، «بالصـور مـن هـو محمـد كـمال وكيـف تمـت تصفيتـه؟»، 4 أكتوبـر 2016، https://rb.gy/fz42tx

8. ضيـاء رشـوان، «ملاحظـات حـول تجربـة حـزب الوسـط في مـصر»، الاقتصاديـة الدوليـة، 2 أكتوبـر 2009، https://rb.gy/y8gpnk

9. ضيـاء رشـوان، «أجيـال الإخـوان بـين المحافظـة والاعتـدال»، الـشروق، 27 أكتوبـر 2009، https://rb.gy/xfsanm

10. عبـد المنعـم منيـب، «الإخـوان المسـلمون.. بـين صراع الأجيـال وصراع الأفـكار»، الإسـلام اليـوم، 23 فبرايـر 2010، https://rb.gy/9fbpyj

11. عمـرو حمـزاوي، «عـن الحـراك المجتمعـي الجديـد في مـصر - مقاومـة السـلطوية بعيـداً عـن السياسـة الرسـمية»، مركـز مالكـوم كـير -كارنيغـي للسـلام الـدولي، 5 إبريــل 2017، https://rb.gy/u3gxed

12. فيديـل سـبيتي، «المدونـات العربيـة تتراجـع أمام سـطوة وسـائل التواصـل»، Independent عربيـة، 29 سـبتمبر 2020، https://rb.gy/1wzwek

13. كريسـتين مـاك، «صراع أجيـال داخـل تنظيـم الإخـوان المسـلمين»، دويتشـه فيلـه، 12 مــارس 2015، https://rb.gy/b6a1dy

14. محمـد قنديـل وياسـمين سـامي، «منصـات «السوشـيال ميديـا» تسـاند الجماعـة الإرهابيـة.. وتـروج لأوهـام عـودة الخلافـة»، أخبـار اليـوم، 24 ينايـر 2020، https://rb.gy/2an2og

15. مصطفـى سـليمان، «حكمـة مصريـة» توافـق عـلى حـزب «الوسـط الإسـلامي الجديـد» بعـد 15 عامـاً مـن تأسيسـه.

16. مصطفـى سـليمان، «مكتـب إرشـاد جديـد لإخـوان مـصر وسـط انقسـامات حـادة في الجماعـة»، العربيـة، 21 ديسـمبر 2009، https://rb.gy/73vcro

17. هـمام سرحـان، نـواب الإخـوان في برلمـان 2005: «أقليـة ناشـطة» قدمـت أداء «دون المسـتوى»، مسـتجدات ورؤى سـويسرية SWI، 10 نوفمـبر 2010، https://rb.gy/woqepd

18. وائـل نبيـل، «مبـارك.. قـاد عبـور مـصر لعـصر التكنولوجيـا والإنترنت والمحمـول»، أخبـار اليـوم، 25 فبرايـر 2020، https://rb.gy/gmnnlj

19. وسام متى، «صراعات الإخوان المسلمين الجديدة: المتشددون يرفضون الاعتدال»، رصيف 22، 71 سبتمبر 2016، https://rb.gy/qolql6

20. وكالة الأناضول، «12 أزمة داخلية أصابت الإخوان في 93 عاماً»، 19 نوفمبر 2021، https://rb.gy/y669yb

21. بي بي سي نيوز، «مصر: هل تشهد جماعة الإخوان صراع أجيال؟»، 3 مارس 2012، https://rb.gy/cm1tbm

22. **حزب «الوسط الإسلامي الجديد» يجمع إسلاميين منشقين عن** «الإخوان»، العربية، 19 فبراير 2011، https://rb.gy/63sakp

23. القدس العربي، «الأزمة في صفوف الإخوان المسلمين»، 24 يونيو 2015، https://rb.gy/pusscu

24. خليل العناني، في أصل «المعضلة الإخوانية»، العربي، 4 مارس 2019، تاريخ التصفح: 11 يناير 2022، https://rb.gy/cahjbm

25. نظرية الأجيال، تاريخ التصفح: 15 يناير 2022، https://rb.gy/jxoksc

ثانياً: باللغة الإنجليزية

- **Articles**

1. Brynjar Lia," Autobiography or Fiction? Ḥasan al-Bannā's Memoirs Re-visited ", Journal of Arabic and Islamic Studies (Norway: JAIS, 15,2015)
2. Dina Abdul Rahman Hosni, "Islamism and Democracy: The Dilemma of the Egyptian Muslim Brotherhood Youth", Journal of Islamic Thought and Civilization (Lahore: JITC, volume 8, issue 2, fall 2018).

- **Papers**

1. Andrew Black, Egypt's Muslim Brotherhood: Internal Divisions and External Challenges in the Post-Mubarak Era", Terrorism Monitor (Volume: 9 Issue: 29, July 22, 2011).
2. Carrie Rosefsky Wickham," The Muslim Brotherhood: Evolution of an Islamist Movement", Institute on culture, Religion and World Affairs, 16 October, 2013.
3. Charles Hirschkind," New Media and Political Dissent in Egypt Medios nuevos de comunicación y disidencia política en Egipto "Revista de Dialectolognia y Tradicions Populares, (Berkeley: University of California, n.1 2010).

4. Jeffrey Martini, Dalia Dassa Kaye and Erin York,The Muslim Brotherhood, Its Youth, and Implications for U.S. Engagement, (Santa Monica: RAND Corporation, 2012).

5. Karl Mannheim, "The Sociological Problem of Generations" Taylor & Francis Books UK, March 13,2009.

6. Mustafa Menshawy , Karin van Nieuwkerk (editor) ,"The Ideology Factor and Individual Disengagements from the Muslim Brotherhood", religions, (Switzerland: MDPI, n. 12,17 March 2021).

7. Osman Aydemir "MÜSLÜMAN KARDEŞLER HAREKETİ: TARİHİ VE BUGÜNÜ",Insamer, Araştırma 136, Şubat 2021.

8. Rickard Lagervall ,Muhammad Afzal Upal and Carole M. Cusack (Editors), Handbook of Islamic Sects and Movements,(Leiden: Brill, 2021).

- **Online websites**

9. John willis," Generations and Social Movements of the 60's and 70's", Education Resources Information Center (ERIC), accessed January 16,2022, url: https://rb.gy/kfmlto

10. Amina Ismail, "Egypt says it killed senior Muslim Brotherhood leader in shootout",Reuters, October 4,2016,url: https://rb.gy/fu6vnb

11. Mauro Indelicato, "Nessuna Pace Nel Cuore Di Tenebra: Chi sono i Fratelli Musul Chi sono i Fratelli Musulmani", Inside the news Over the world, February 8, 2019, url: https://rb.gy/wbcoks

12. **The Reference**, "Rifts hitting hard at Brotherhood as rival camps lock horns",17 June 2021, url: https://rb.gy/lj1dsn

13. Marc Lynch, "Young Brothers in Cyberspace", Middle East Research and Information Project, winter 2007, url: https://rb.gy/h8ynlu

14. Khalil Al-Anani, "The Young Brotherhood in Search of a New Path", Hudson Institute,23 October 2021, url: https://rb.gy/trasmg

15. Eric Trager , "The Muslim Brotherhood: From Opposition to Power", The Washington Institute for Near East Policy , May 15, 2013, url: https://rb.gy/ficce5

16. Basil El-Dabh ," The Brotherhood 'deviated' from original focus, prioritised politics over revolution: Kamal Helbawy", Daily News, June 2, 2014, url: https://rb.gy/6y5g2x

17. Dina Ezzat, "Egypt's Muslim Brotherhood battles against its youth", Ahram online, 28 May 2011, url: https://rb.gy/qmcrq4

18. Eric Trager and Marina Shalabi, "The Brotherhood Breaks Down", The Washington Institute for Near East Policy, 17 january, 2016, url: https://rb.gy/sgrvmj

19. Linda Herrera and Mark Lotfy, " E-Militias of the Muslim Brotherhood: How to Upload Ideology on Facebook", Arabian Peninsula, 5 September 2012, url: https://rb.gy/xnidcg

20. Joseph Mayton," Young Egyptian Bloggers Seek a More Democratic Muslim Brotherhood", Washington Report on Middle East Affairs, November 2009, url: https://rb.gy/itofsn

21. Daily News, "In Focus: Brotherhood Bloggers: Are they influential,"? 21 October, 2008, url: https://rb.gy/ehpsjj

22. Nicholas Gjorvad," The Future of Al-Wasat Party", Daily News, January 16, 2013,url: https://rb.gy/ngmlxo

23. Marie Vannetzel," Égypte. Que sont les Frères musulmans devenus ?", Association Orient XXI, 14 sepbtember 2017, url: https://rb.gy/d7gjcq

24. Le Monde Diplomatique, "Egypt's Muslim brotherhood divides: Alaa al-Din Arafat", url: https://rb.gy/ebvfsi

25. Adham Youssef," Prominent Brotherhood member killed after reportedly being arrested", Daily News, October 4, 2016, url: https://rb.gy/gzjxng

26. Basil El-Dabh , "The Brotherhood 'deviated' from original focus, prioritised politics over revolution: Kamal Helbawy", Daily News, 2 June, 2014, url: https://rb.gy/6y5g2x

27. Eric Trager and Marina Shalabi, "The Brotherhood Breaks Down",The Washington Institute for Near East Policy, 17 january, 2016, url: https://rb.gy/sgrvmj

نبذة عن المؤلف

مصطفى زهران

باحث ماجستير في معهد الدراسات الآفرو- آسيوية في جامعة قناة السويس في جمهورية مصر العربية، عضو نقابة الصحفيين المصريين. كاتب وباحث في الحركات والتيارات الإسلامية والطرق الصوفية، متخصص في الشأن الأفريقي. وترجمت بعض مقالاته ودراساته إلى لغات أجنبية.

شارك في العديد من المؤتمرات والندوات وورش العمل في العديد من بلدان العالمين العربي والإسلامي من بينها: مؤتمر السلفية والوهابية - القيروان - تونس 2013، مؤتمر «جماعات العنف التكفيري (بيروت - لبنان): الجذور، البنى والعوامل المؤثرة" 2015. وغيرها من الدول الأخرى، في كل من إندونيسيا والمملكة العربية السعودية.

شارك في العديد من الأعمال البحثية وأنتج الكثير من المقالات والدراسات المعنية بحقل الدراسات الإسلامية وتحديداً في مجالاتها الجماعاتية والتنظيمية بتنويعاتها السياسية والدعوية، والراديكالية.

صدر له كتابان، مؤخراً، حمل الكتاب الأول اسم "زمن الجائحة.. صعود وهبوط الإسلاميين"، والثاني "أفريقيا.. الصعود الجهادي."